導論

談錫永

導論

在「彌勒五論」（byams chos sde lnga）中，《辨法法性論》（*Dharmadharmatāvibhaṅga*）及《辨中邊論》（*Madhyāntavibhāga*）稱為「二辨」，前者抉擇「法能相」（dharma-lakṣaṇa）與「法性能相」（dharmatā-lakṣaṇa），後者抉擇「法所相」（dharma-nimitta）與「法性所相」（dharmatā-nimitta）。關於這些，須要細談。

由能相與所相認識中邊

所謂「能相」（lakṣaṇa；mtshan nyid），是成立「所相」（nimitta；mtshan ma）的一個定義範限，一切法在這定義下能成立為「有」（存在或顯現），則此一切法便稱為「所相」，而這定義範限則稱為「能相」。

人住在輪迴界中，用輪迴界的觀點來成立一切法有，這觀點其實已經是一個定義範限，是即稱為「法能相」。若人雖住在輪迴界，但由於聞法、對所聞法思維，且能依所聞所思而作觀修，那麼心識就可以離開輪迴界的局限，漸次住入涅槃界，這時他成立一切法有的觀點便改變了，定義範限已完全不同，是即稱為「法性能相」，由是其所成立的一切法，即可稱為「法性所相」。這時候的「心性」（cittatā），便也可以稱為「心法性」（citta-dharmatā）。

在《辨法法性論》中，說「法能相」為「虛妄遍計」（abhūtakalpa），「法性能相」為「真如」（tathatā）。是即

序

　　《辨中邊論釋》是世親對《辨中邊論》的釋論。真諦與玄奘的譯本雖然沒標明為釋論，但其實即是世親釋論的譯本。本書根據長尾雅人編纂的梵本、及藏譯本，以玄奘譯為底本加以校勘。玄奘譯對梵本改動相當大，詳見本書【校記】。

　　於校勘時，並參考安慧的論疏，以及不敗尊者的釋論，對根本頌及世親的釋論加以疏釋，此詳見於本書【校疏】。

　　不敗尊者為藏密甯瑪派的大學者，他的釋論，自然不同於唯識今學；實在可以說，這是依瑜伽行中觀見來釋說世親的釋論。至於安慧的疏，則完全依瑜伽行古學，與唯識今學所說，有很大的差異。本書既據此二家釋疏為主，因此【校疏】所言，亦可以說是遵從瑜伽行古學的見地。這樣做，可以說更符合世親的原意，因為世親沒可能用唯識今學的見地來為本論作釋。

　　「彌勒五論」中，本論是針對加行道行人而說。瑜伽行古學凡為加行道而說者，必強調三自性，因此本論便亦以三自性為骨幹而說七事。唯識今學很重視三自性，但並不認為三自性是加行道上的安立，因此對本論的理解，便完全與瑜伽行古學不同，比較安慧疏的說法，便可知道一些差別。

　　對本論校勘並作校譯，是應禪宗行人之所請，當他們請作校譯時，筆者相當奇怪，為甚麼禪宗行人對本論會有興趣。當校譯完畢之後，便覺得他們的興趣，即在於中邊的分別。如

今通行的說法，即認為離相對兩邊便即是中，如離有無兩邊等。然而本論所說的中，卻並非如此，是由三自性的全盤考察，從而建立中道。這種考察，已詳說於〈導論〉及〈前論〉中，讀者可以參考。因此可以說，如欲了解瑜伽行古學的中道，本論是唯一的途徑。當了知瑜伽行的中道之後，對唯識今學所說的中道，便可知其差別實在甚大。

瑜伽行古學的中道，與《入楞伽經》相同，亦與《解深密經》相同，由此便知如來藏教法，其實即是究竟中道的教法。倘如以為如來藏思想只是為了開引外道而說，那便應該考量：為了開引外道，有沒有必要開展一個瑜伽行派來開引，更有沒有必要用上許多經典、同時還要強調經典的密意來作開引？這樣的開引，實在比說般若時還要費工夫。因此，我們實在應該承認如來藏是佛家的究竟見，這樣，便能理解三轉法輪的經典、文殊師利的不二法門、彌勒的瑜伽行，何以都歸結為如來藏見地。本論建立中道，實即建立如來藏的中道。希望筆者的校釋，能令讀者由此中道見，得悟入如來藏究竟見。

談錫永

2011年8月

辨中邊論釋

談錫永 校疏 ● 邵頌雄 前論

依加行道層次來抉擇《辨中邊論》
論義，實為印度論師詮釋本論的
傳統。

校疏

目　錄

在第4頌，即說法能相可變似為「境」、變似為「有情」、變似為「我」、變似為「了別」，如是四種攝一切法。此中的「境」，梵文為artha，含有兩重意義，即具體的外境，及抽象的心境界（包括觀點與概念），所以說四變似即可包含現實與抽象。

由這樣而成立的情器世間，便即基於「虛妄遍計」而成立，所以說其具有「遍計自性」，顯現出來的便是「遍計自性相」。

但我們亦可以換一個角度來觀察。

我們先不管顯現出來的表相，且從內心來觀察，即從「分別心」的自性來觀察，瑜伽行派說此自性具有兩重性格：一是錯亂識，因為是心識，心識即是「錯亂根」的境界；一是無顛倒，因為心識依因緣而運作，因緣即無顛倒。由是即將分別心的自性名為「依他」（依錯亂識與無顛倒）。

所以由「依他」來看一切法如何成為有，亦即由分別心自性來看一切法如何成為有，那便說一切法有「依他自性」，其現相即為「依他自性相」。

我們還可以從分別心的根本來觀察。分別心之所以成為「分別」（虛妄遍計），實在由於它具有「能取」（我）、「所取」（我所），若依佛家「無我」的實義來抉擇，這二取實在不能說為真實（否則「無我」便不真實）。

那麼，假如從分別心中除去二取呢？那時的心識於外於內來作觀察時，見到的相，其性質又復如何？

首先，既然沒有二取，那就不能再將之稱為「分別心」，

只能稱為「清淨心」。其次，心既清淨，所見自然亦清淨，此種所見即名為「真如」。那就是「法性所相」（依法性而建立的相），不再是「法所相」（依虛妄遍計而建立的相）了。

因此說，這就叫「圓成自性相」，其自性即是「圓成自性」。

所謂「圓成」，即是「圓滿成就」。這圓滿成就稱為「任運」，亦即隨着自然條件而作適應，由是而得顯現。瑜伽行中觀將此稱為「相礙緣起」，要適應的自然條件即是「相礙」，能對相礙適應即是任運。此亦華嚴宗的「法界緣起」，說一切萬法由一如來藏變現，萬法融通，事事無礙，事理無礙，是即一大緣起。此所謂萬法相融無礙，亦即說其適應相礙而任運，是為緣起的最高境界，依佛密意而建立。

這三自性相，亦是辯證。分別心向外觀察，一切法的相是遍計自性；分別心向內觀察，一切法的相是依他自性；離分別心作內、外觀察，則見圓成自性相。所以前二者可說為邊見，後者則為中道見。在這裡，應該注意到，三種觀察實為一體觀察，並非唯向外觀、唯向內觀，亦非唯作外、內觀察，此即將三自性作一全面觀察，然後才能入中道見。這一點，於《解深密經》（*Samdhinirmocana-sūtra*）已有詳說。

由於三自性相攝一切法（四變似），因此即可視三自性為全論的綱領，由此而辨別中邊。

於此又須了知，當以三自性攝分別心時，可得出甚麼決定與現證。

一切法，實由依他自性而成立，主觀上即實依錯亂識、

　　瑜伽行派屢屢說如何是「善取空」、如何是「惡取空」。如《瑜伽師地論》（*Yogācāra-bhūmi*）所言，善取空的關鍵在於「不遣餘外」、「餘實是有」。那即是說，於「虛妄遍計」中，所能排除的僅是「二取」，不是二取之外的法，是故「虛妄遍計」的「法所相」即是「餘外」，在否定二取時，這「法所相」應視之為「有」，這才是善取空的「餘實是有」。

　　依這樣觀察，便可以說，於虛妄遍計雖有空性，然而空性中亦有由虛妄遍計而成顯現的法所相。

　　至此為止，對「虛妄遍計」已作了三重觀察：一、虛妄遍計中實有二取空的空性（有）；二、其二取性則無實事（無）；三、虛妄遍計可以在空性中成立法所相（有）。

　　這樣的觀察，實跟西方哲學的黑格爾（Georg W.F. Hegel, 1770-1831）「辯證唯心論」（Dialectical Idealism）相近，即是正、反、合的觀察過程。但瑜伽行派的辯證法，實早於黑格爾至少二千年，因為瑜伽行派的辯證法實為釋迦所說。

　　於頌3中，說一切法「非空非不空」，因為「有」、「無」、及「有」故，便即據此辯證而說。如是辯證，才可以成立「中道」。

　　然而「非空非不空」這一句，實在可以譯得更精確一點，似應譯為「非空非非空」。這即是說，成立了「非空」，再否定這「非空」，所以是「非空」、非「非空」。句法一如「非常」、非「非常」；「非有」、非「非有」。

　　這裡的「非空」，不等於「有」；這裡的非「非空」，不等於「無」。若將之理解為有與無，則依然是兩邊的對立，

必須將之理解為「離四邊」的空性，那才是中道。佛家習慣用「非甲非非甲」的句式來表示離四邊，這已經是約定俗成的事。如說兔角「非有非非有」，即說離有、非有四邊。

二 由三自性成立中邊

論中着重說三自性相（trisvabhāvatā），因為由三自性可以統攝一切法相，所以稱之為「攝相」。

三自性相即「遍計自性相」（parikalpita-svabhāvatā）、「依他自性相」（paratantra-svabhāvatā）、「圓成自性相」（pariniṣpanna-svabhāvatā）。

瑜伽行古學對三自性相的觀點，不同於唯識今學。所以讀者應該注意到世親論師此中論點，即可見瑜伽行古學的風貌。

說虛妄遍計，應該說，這即等於是成立了「分別心」。基於此分別心，即可成立三自性。也即是說，以分別心為基礎，從三種立場，都可以成立一切法如何而成為有。

世間一般人一定是由分別心來認識二取顯現、名言顯現，當他們說「這是書桌」時，即是根據世間約定俗成的觀念來認識這張桌子，它是桌子，而且它還是讀書寫字用的桌子，所以便是「書桌」。這便是認識了「表相」，或說認識了「現相」。

瑜伽行派在這時下一個定義，這只是由「法能相」變似為「法所相」（玄奘則譯「能相」為「自相」）。因為是「變似」，所以必然不真實。

虛妄遍計而運作，但卻已超越虛妄遍計來認識一切法的實相。這種心識境界，就叫做「智識雙運」，叫做「如來藏」。

這種見地（認識的觀點），即稱為「大中觀」（dbu ma chen po），若強調為觀修的見地，即可稱為「瑜伽行中觀」（Yogācāra-Madhyamaka）。

不過，如果單純落在研究「所相」的層次，則無論瑜伽行派或瑜伽行中觀，都有一個一致的見地，那即是：由虛妄遍計所成立的所相，必然是偏見，佛家名言為「邊見」。離一切邊見才可以稱之為「中道」。也即是說，人應該由「中道」來認識一切法有，無論落何邊見，都只是識境的真實，而不是究竟的真實。

因此，於《辨法法性論》之後，便有《辨中邊論》了。

中道的開展 —— 本論結構

《辨中邊論》所說的「七事」：「能相」、「障」、「真實」，此三者為境；「修習能對治」、「修習所住位」，此二者為道；「得果」，此一為果；「無上乘」，此一說中道之境、道、果。是即由此七事，開展中道。

於說七事之先，安立何為中道。復說三自性，由三自性的「平等」，顯示如何見一切法始不落邊見。

今對此二點，稍作宣說。

一 成立中道

依玄奘譯，第一《辯相品》的第2、3頌，即先明「中

道」。頌云 ——

　　　　虛妄分別有　　於此二都無
　　　　此中唯有空　　於彼亦有此　2

　　　　故說一切法　　非空非不空
　　　　有無及有故　　是則契中道　3

　　筆者依梵本校勘[1]，試改譯如下 ——

　　　　虛妄遍計有　　於此二都無
　　　　此中唯空性　　於彼亦有此　2

　　　　故說一切法　　非空非非空
　　　　有無及有故　　是則為中道　3

　　上來已說，一切法依「虛妄遍計」而成為「有」，那即是「法所相」的有。虛妄遍計由於「二取」，然而「二取顯現」只是邊見，因為二取無有本體，不可說為實有。所以當離二取實事時，這虛妄遍計便只有離二取的空性，這才是虛妄遍計法所相真實的一面。

　　如是，於「虛妄遍計」已見到其「無」（無二取實事），亦見到其「有」（有離二取空性）。但若光是這樣觀察時，依然落於邊見，因為是分別落於有、無二邊，二邊對立，顯出矛盾，而矛盾未能統一。

　　所以我們還要深入一個層次去觀察，那就是「於彼亦有此」——於空性（彼）中，「虛妄遍計」的「法所相」實可說為有。關於這一點，須作說明。

1　　梵：abhūta-parikalpo 'sti dvayan tatra na vidyate / śūnyatā vidyate tv atra tasyām api sa vidyate //

謂輪廻界中一切法是虛妄遍計相，涅槃界中一切法是真如相。前者稱為「有為法」（saṃskṛta-dharma），後者稱為「無為法」（asaṃskṛta-dharma）。

這些說法，可以用如來藏（tathāgatagarbha）思想來融匯。

甚麼是如來藏？

可以這樣簡單地說：受雜染所染的心識，是阿賴耶；不受雜染所染的心智，即是如來藏。

但若依教理來說，便複雜許多，應該這樣說：如來法身只是一個境界，不是個體，在密乘，把這境界稱為「普賢王如來」（Samantabhadra）、稱為「金剛持」（Vajradhara），好像是成立個體，其實不是，實際上只是將如來法身成立為一個名言，用以方便表述觀修。

如來法身是一個甚麼境界呢？《入楞伽經》（Laṅkāvatāra-sūtra）稱之為「佛內自證智境界」。在這境界上，有「如來法身功德」，稱為「大悲功德」，依此功德，所以可以有各種不同的時空世間在智境上，依着不同的條件（緣）而生起，這便稱為「隨緣自顯現」。

智境上有識境顯現，由是成為「智識雙運界」，這便可以稱為如來藏。

若果追究到識境的生成因，是由於如來大悲功德，那麼，便可以說，如來藏是如來法身與法身功德雙運，於這時，名言即為「智悲雙運」。

　　現在且回到智識雙運界去。一切世間的眾生，定然依着他處身的識境來認識事物與概念，那就一定是依着「虛妄遍計」來成立事物與概念，這即是心識已受雜染所染的狀態，由是即如上來所說，是以虛妄遍計為能相，成立虛妄遍計的所相。在這情形下，識境中一切虛妄遍計的所相可成立為「有」，但這虛妄遍計的能相卻不能說之為「有」。為甚麼呢？

　　在《辨法法性論》中已經說得很清楚，虛妄遍計從何而來？是由於人先成立一個「我」，同時成立「我所」（我所見、我所聞等），於是以「我」為「能取」，以「我所」為「所取」，這樣一來，便已成立了虛妄遍計。事物依此而成為「有」（存在或顯現），即稱為「二取顯現」（由能取所取而說之為有）。

　　還不只這樣，當成立二取顯現後，人一定接着為一切法的顯現相設施「名言」，這是「山」，這是「水」，以至這是「倫理」、這是「道德」等等，凡事物與概念都有名言。這其實是很自然的事，因為這正是人生活之所須，學習之所須。然而卻也可以由另一方面來定義，瑜伽行派因此就可以說：歸根究竟，人正因為陷在「名言」之中，成立「名言顯現」，所以才能够將他們的虛妄遍計、將由他們「二取」而來的事物與概念，成立得這麼精密與細緻，因此《辨法法性論》就極力辨明，人必須捨棄名言顯現然後才能捨棄「虛妄遍計法能相」，由是轉依「真如」（法性能相）。

　　如來藏思想卻並沒把事情看得這麼嚴重。名言顯現、二取顯現、虛妄遍計等等，在識境中都是真實，那就根本無須排遣，只須令識境中的人現證智識雙運界，那麼，他就自然能讓心識住入一個從來未經歷過的境界，於境界中，心識雖仍舊依

三分位，此三分位即與三自性相應。

六‧於《辨得果品第六》，可分為二分。一總說五果、二由道別說。

對於五果可表列如下：

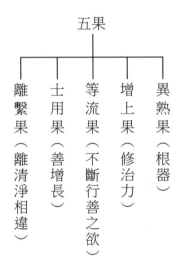

五果

離繫果（離清淨相違）　士用果（善增長）　等流果（不斷行善之欲）　增上果（修治力）　異熟果（根器）

由地道而說餘果差別，則有十果，具見於正文，今不贅。

此處說為果者，實即以證入中道為果，然而所說的果，並非即是中道。此如五果，須同時現證，此如一切觀修皆先須隨順根器，否則即無異熟果可得，由是即不能離繫。

七‧於《辨無上乘品第七》，由三無上成立無上乘：1）正行無上；2）所緣無上；3）修證無上。

正行無上分六種：

1）最勝正行：有十二最勝。修十波羅蜜多。是為因果差別；

2）作意正行：有三慧作意、十種法行。是為抉擇聞思修差別；

3）隨法正行：說無散亂之寂止、無顛倒之勝觀。於前者說六種散亂；於後者說十種無倒：一於文無倒、二於義無倒、三於作意無倒、四於不動無倒、五於自相共相無倒、六於染無倒、七於淨無倒、八於客塵無倒、九於無怖畏無倒、十於無高慢無倒。是為抉擇止觀；

4）離二邊無上，有七種分別，各有一喻；

5、6）差別無差別無上，謂十地與十波羅蜜多。

所緣無上有十二種，前四種依所緣境建立，後八種依地道分位建立，茲分別略說如下：

（一）依所緣境建立：

1）無誤所緣：以十波羅蜜多、地、道、陀羅尼門、三摩地等為所緣境。是即以「盡所有義」為所緣境；

2）法界所緣：以實相真如為所緣境，是即以「如所有義」為所緣境；

3、4）所立、能立所緣：分別依上來二種而立，如十波羅蜜多、如來藏等。

德等之障礙。

　　三‧於《辨真實品第三》，以三自性為根本真實，而說與前障品相對的十種真實。這十種真實又有支分，茲表列以清名目：

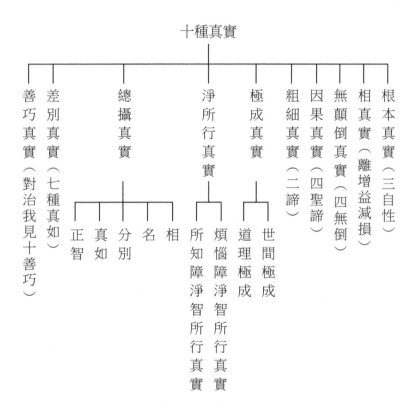

十種真實

善巧真實（對治我見十善巧）
差別真實（七種真如）
總攝真實
　正智
　真如
　分別
　名
　相
淨所行真實
　所知障淨智所行真實
　煩惱障淨智所行真實
極成真實
　道理極成
　世間極成
粗細真實（二諦）
因果真實（四聖諦）
無顛倒真實（四無倒）
相真實（離增益減損）
根本真實（三自性）

　　真實與虛妄相對，所以亦可以說，真實與障相對，前品既已說障，本品即說受障的真實。然而，一切障雖皆為邊見，但卻不是說十種真實即是中道，此仍須依整體觀察三自性，然後才可以作出中的決定。

四·於《辨修對治品第四》，安立三十七菩提分於五道，及說三種對治差別、菩薩道差別。如是共說三門。

今將三十七菩提分配置五道表列如次：

三十七菩提分	地道	附說
四念住	下資糧道	
四正斷	中資糧道	
四神足	上資糧道	
五根	加行道前二位	五過失，八斷行
五力	加行道後二位	
七覺支	見道（初地）	
八聖道	修道（二至十地）	

所謂修對治，即是對治前說之障，此處但以障三十七菩提分為說，以菩提分可總攝為有學道的行持故。此中更說能對治法的差別，是即由三自性的抉擇而了知能對治法的中邊。

五·於《辨修分位品第五》，此即將所修對治作分位的安立，共安立有十八分位及三分位。十八分位為廣說，可分為二，各有九種，一為道分位、二為異門分位。此已具說於「校疏」。

三分位為略說，即不淨、淨不淨、清淨三種。

廣略二說，其實亦互有關聯。十八分位的差別可歸結為

四　各品分析

於通讀本論時，須知於各品所須注意之事，茲略說如下。

一・於《辨相品第一》，須知「虛妄遍計」實具二事，一者二取、一者空性，故於本品成立九相以說虛妄二取性，更成立五門以說空性清淨相。此可表列如下（諸名相依玄奘譯）：

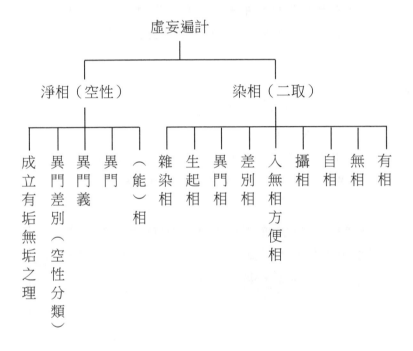

於染淨二相，並非簡單地以染相為邊，以淨相為中，須由三自性（根本真實）作整體觀察（抉擇），然後才可以由智識雙運來決定中道。簡言之，此如於虛妄遍計能知染相亦具淨相，是即知二取空性，由是即可入中道。

二・於《辨障品第二》，亦須由染淨二門來認知。虛妄二

取為染，空性為淨，所以凡能障空性者則必為障，是亦必落於
邊見。

於障，有五障、九障。五障者，即煩惱、所知二障，分
為五種謂：1）具分障（遍障）；2）一分障；3）增盛障（增
上障）；4）平等障（等分障）；5）生死取捨障。

至於九障（亦名「九結」），則為煩惱障，可表列以明之：

九結	所障
1 愛結	障厭離世間。
2 恚結	障棄捨逆境。
3 慢結	障斷偽身見，不得令我慢不起。
4 無明結	障滅身見事，令執五蘊。
5 見結	障滅諦遍知，怖畏於滅。
6 取結	障道諦遍知，以有為法為道，如禁戒取。
7 疑結	障三寶遍知，不信其功德（不信見分等）。
8 嫉結	障利養恭敬等遍知，行利養事。
9 慳結	障遠離遍知，貪著資財。

染門之障善法者，依性質又可分為因障與別障。因障
者，障得菩提之因，此即能障善等十種淨法之障，十善法各有
三障，如是共為三十種能障，具如論說，亦有列表以便讀者，
見於正文。

至於別障，則為對三十七菩提分、十波羅蜜多、諸地功

客觀上即依由因緣而成的外境。然而當一切法成顯現時，必同時落於名言，亦即同時落於虛妄遍計，所以必然成為遍計自性相而顯現（為了否定其為真實，故稱為「似顯現」）。

這時，便即成為用施設出來的名言，及由名言施設的現象，來成立一切法的自性。譬如對於水，即依「水」的名言來理解，及依施設為「濕」、「流動」等現象來分別，由是便成立了「水性」。

所以我們可以這樣說：一切外境顯現無非由於內心的習氣。所謂「習氣」，包括錯亂識的錯亂以及對外境的分別，此基於人長久以來的業力。當行者於觀修時能這樣決定，便於「外境無所得」，即不能得其為真實。如是，對心識便成立了「唯識自性」。

接着下來，行者由抉擇外境與內識的相依，從而於觀修中當能生起決定，所取外境無所得，能取內識亦無所得。這時候，才能將「二取」排除，由是而見圓成。

圓成自性相是客觀的自然存在（隨緣自顯現），非由內心習氣所變現，因此《入楞伽經》便將見到圓成自性相為「唯心所自見」，是即見真如相。

本論便完全根據着這樣的理路，來抉擇有為法與無為法。是故於讀本論時，對上來所說應先了知。

三　共不共相七事

本論共說七事：1）相（能相）；2）障；3）真實；4）修諸對治；5）修習之分位（所住位）；6）得果；7）無上乘。

　　將這七者分類,可分為共相與不共相。前六事為共,後第七無上乘為不共。共相六事中的能相,應視為成立中邊的總綱。其餘五事,則可分別為境、道、果。茲表列如下:

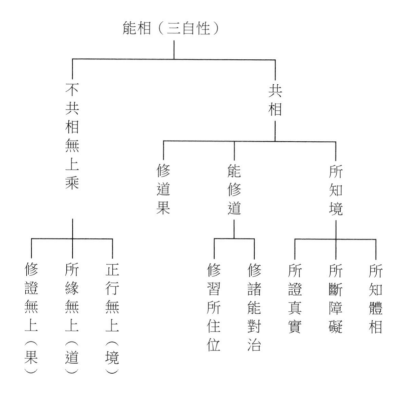

　　由表可知,本論通說小乘、大乘、無上乘,皆依境、道、果而說。前二乘可說為邊,後者即可說為中,由是成立無上乘為究竟。

視。本篇依加行道層次來抉擇本論論義的觀點，同樣未見於慈
恩宗的疏釋或述記，亦未見於東西方的學術研究。然而，此卻
非標奇立異之說，而實為印度佛學詮釋是論的傳統。

二、梵本與校訂本

《辨中邊論》根本論頌（*Madhyāntavibhāga-kārikā*）的梵
本，迄今尚未發現。然而於上世紀初發現的世親論師
（Vasubandhu）《辨中邊論釋》（*Madhyāntavibhāga-bhāṣya*）與
安慧論師（Sthiramati）《辨中邊論釋疏》（*Madhyāntavibhāga-*
ṭīkā），則可見全部根本論頌的引用。

本論兩部印度論師釋疏的梵文本，先後於二十世紀的三
十年代被發現。法國學者萊維（Sylvain Lévi）首先於尼泊爾發
現了安慧對世親釋論的註疏，交由其學生山口益整理，於
1934年出版。[6]此梵本卻為殘本，其中不但有多頁佚失，而且
每一頁的右首，約有三分一左右是殘缺不全的。山口博士的整
理工作，除校訂外，還包括依據西藏譯本的安慧疏，把缺失的
梵文段落重整還原。此外，同一梵本的第一品，亦經巴達恰亞
（V. Bhattacharya）與圖齊（G. Tucci）整理，比山口益的版本
還早兩年問世。[7]

就在山口益發表他整理安慧《辨中邊論釋疏》的同一年，

---

[6]　見上來註2。

[7]　V. Bhattacharya and G. Tucci, eds. *Madhyāntavibhāgasūtrabhāṣyaṭīkā*
of Sthiramati: Being a Sub-Commentary on Vasubandhu's Bhāṣya on the
Madhyāntavibhāgasūtra of Maitreyanātha, Part 1 (Calcutta Oriental Series, No.
24), London, 1932。

印度學僧羅睺羅・桑吉利提葉耶那（Rāhula Sānkrityāyana）[8]
也於西藏薩迦寺的藏經閣（phyag dpe lha khang），發現了世親
釋論的梵本。從1929年到1938年的十年間，羅睺羅・桑吉利提
葉耶那曾多次造訪西藏，所發現的梵本佛家經論，共計三百三
十六種之多，其中的五十五種，則由他抄寫或拍照，帶回印
度。[9]現存世親《辨中邊論釋》梵本的攝影底片，藏於巴特拿
（Patna）的賈亞斯瓦爾研究所（K.P. Jayaswal Research
Institute）內，直至1964年才由日本學者長尾雅人校對整理，
於東京出版。[10]談錫永於本書校勘玄奘與真諦譯之世親釋論，
所依據的即是長尾教授校訂的梵本。據羅睺羅・桑吉利提葉耶
那與長尾雅人的意見，此世親釋的梵本，應可考訂為十二至十
三世紀流傳的刻印本。[11]此梵本除了長尾教授的校訂本以外，
還有賈亞斯瓦爾研究所資助塔諦雅（Nathmal Tatia）與塔庫爾
（Anantalal Thakur）兩位學者參考藏譯釐訂的另一校訂本[12]，
於1967年出版。

　於1971年，印度學者彭迪耶（Ramchandra Pandeya），更

[8] 本名Kedarnath Pande（1893-1963），出生於印度北方邦（Uttar Pradesh）東部阿桑加爾鎮（Azamgarh）的婆羅門種姓。因抗議1919年於阿姆利則（Amritsar）的扎連瓦拉園（Jallianwala Bagh）屠殺而遭監禁達三年之久。期間（1925-1927），深受佛法感動與啓發；出獄後往斯里蘭卡，受學於著名的智嚴佛學院（Vidyalankara Pirivena），並受持法名 Rāhula Sānkrityāyana。

[9] 見Rāhula Sānkrityāyana,"Sanskrit Palm-Leaf mss. in Tibet,"*The Journal of the Bihar and Orissa Society 21* (1935): 21-43; "Second Search of Sanskrit Palm-Leaf mss. in Tibet," Ib. 23 (1937): 1-57; "Search for Sanskrit mss. in Tibet," Ib. 24 (1938): 137-163。

[10] Gadjin M. Nagao, ed., *Madhyāntavibhāga-Bhāṣya: A Buddhist Philosophical Treatise Edited for the First Time from a Sanskrit Manuscript.* Tokyo: Suzuki Research Foundation, 1964。

[11] 上揭書，頁4。

[12] Nathmal Tatia and Anantalal Thakur, eds., *Madhyānta-vibhāga-bhāṣya*. Tibetan Sanskrit Works Series (Patna: K.P. Jayaswal Research Institute, 1967)。

的唯識今學為主。雖然瑜伽行古學亦曾經真諦
（Paramārtha）、佛陀扇多（Buddhaśānta）、達摩笈多
（Dharmagupta）、波羅頗蜜多羅（Prabhākaramitra）等傳入漢
地，但自玄奘法師重新翻譯瑜伽行派諸論，並成立慈恩宗後，
真諦等所傳的古學，基本已於漢地湮沒。[3]

　　兩系瑜伽行的差異，諸如識體的一分說與四分說、依他
自性（paratantra-svabhāva）的體性是否實有、內識與外境的關
係、顯現（pratibhāsa）與識轉變（vijñānapariṇāma）的理解，
以至近代學者之歸納為「八識現行」與「一種七現」[4]等，都
是建立於對心識體性的抉擇。由抉擇識體性的不同，也決定了
兩派對「相應」義抉擇的分歧。唯識今學的「相應」，建立為
心識之契入真如（tathatā）；瑜伽行古學的「相應」，則建立
為行者經次第觀修而與本具的如來藏（tathāgatagarbha）相
應。是故，藏傳「彌勒五論」（byams chos sde lnga，慈氏五
法）建立的意趣，基本就是引導行者經歷資糧道（saṃbhāra-
mārga）、加行道（prayoga-mārga）、見道（darśana-mārga）、
修道（bhāvanā-mārga）、無學道（aśaikṣa-mārga）等「五
道」，令行者由凡夫位的污染心識，得以「轉依」
（āśrayaparāvṛtti）於法性（dharmatā），而更能無功用住於輪
涅無二的法界（dharmadhātu），亦即本來清淨如來藏究竟顯露
之時，是為「究竟轉依」（niṣṭhāśrayaparivṛtti）。

[3]　日本的佛學學者，自上世紀三十年代，已開始對兩系瑜伽行的研究，作出
很大的貢獻，尤以宇井伯壽、山口益、上田義文、長尾雅人等幾位教授的
著作為然，讀者可參考陳一標教授對此等研究的握要闡述，見陳氏譯上田
義文《大乘佛教思想》（台北：東大圖書公司，2002）一書的譯序〈上田
義文唯識思想研究的回顧與前瞻〉（頁1-18）。

[4]　見牟宗三《佛性與般若》（台北：學生書局，修訂五版，1989），頁395-
412。

　　由道次第的觀點來研讀藏傳的「彌勒五論」，實亦不難
窺見與「五道」之間的緊密聯繫：五論中篇幅最廣、對大乘佛
教關鍵法義皆予以仔細抉擇的《大乘經莊嚴論》
（*Mahāyānasūtrālaṃkāra*），不啻為修學大乘資糧道根本典
籍；《辨法法性論》（*Dharmadharmatāvibhaṅga*）集中討論如
何轉捨法（dharma）而依得法性（dharmatā），由是證入無分
別智（nirvikalpajñāna），無疑為行者提供了證入見道的基本抉
擇與決定；《現觀莊嚴論》（*Abhisamayālaṃkāra*）依四加行的
交替為方便，論述各地現觀證得法界莊嚴之般若智，正是修道
上之所為；《寶性論》（*Ratnagotravibhāga*）依七金剛句來抉
擇如來藏之體性，以無功用、離染淨邊之法身如來藏為果位，
殆為無學道之教授無疑；至於《辨中邊論》，依印度的傳統，
即亦視之為加行道的教法。窺基的《唯識二十論述記》末記
云：

> 《辨中邊論》護月釋云：無著菩薩先住地前加行位
> 中，增上忍時，聞慈氏尊說此《中邊》所有頌已，
> 得入初地，為世親說。世親菩薩先住地前順解脫分
> 迴向終心，聞無著說此彌勒頌，令其造釋，得入加
> 行初煖位中。應是聖者傳此說，所以護月遂有此
> 言。[5]

　　此處所引護月論師（Candragupta）的傳規，清楚指明本
論為加行道的教授，行者能據之證入加行道的煖位，利根者更
能得入見道初地。可惜護月的釋論早已佚失，亦未有譯本傳
世；而且，此說法雖保留於漢土慈恩宗的論著，但畢竟未受重

5　T1834, 1009c。

前論

邵頌雄

一、緒言

《辨中邊論》（*Madhyāntavibhāga*）為瑜伽行派（Yogācāra）最根本的論著之一。雖然漢地與西藏，對所謂「彌勒五論」的建立，差別很大，但《辨中邊論》卻是兩地弘播瑜伽行派皆共許的「五論」之一[1]。不論於現存的梵本，抑或是漢譯與藏譯，都以本論的根本頌為彌勒菩薩（Maitreya）所造。安慧（Sthiramati）的釋疏，開首即有提到：

> 造此論典、文句、分品者，為聖慈氏〔彌勒〕，以彼為一生補處故，依菩薩神通、總持（陀羅尼）、無礙辯解、等持、一切自在、諦忍及解脫之正妙波羅蜜多，菩薩一切地之障礙悉無餘斷離。宣說此論者為阿闍梨無著。阿闍梨世親從彼處聞此論而作釋。[2]

「瑜伽」（yoga）為梵語，其意為「相應」；是故，「瑜伽行」（yogācāra）的最基本意義，就是「相應行」。然而，對於行者究竟應與何者相應，於瑜伽行派之內，卻有不同的理解。藏地與漢土所傳瑜伽行學說的差別，正好讓我們認識印度兩系瑜伽行的不同。藏地所傳者，屬安慧一系的瑜伽行古學；漢地所傳者，則以陳那（Dignāga）、護法（Dharmapāla）一系

---

[1] 藏傳的「彌勒五論」，包括《大乘經莊嚴論》、《辨中邊論》、《辨法法性論》、《現觀莊嚴論》、《寶性論》；漢傳的「彌勒五論」，為《瑜伽師地論》、《辨中邊論》、《大乘經莊嚴論》、《金剛般若論》、《分別瑜伽論》。相關兩系「彌勒五論」的討論，參談錫永、邵頌雄譯著《辨法法性論及釋論兩種》（台北：全佛出版社，2009），頁81-91。

[2] 見 S. Yamaguchi, ed. *Sthiramati, Madhyānta-vibhāgaṭīkā* (Nagoya: Librairie Hajinkaku, 1934)。

（二）依地道建立：

5）任持所緣：　即持抉擇見為所緣境，由聞所成慧為能
緣。此屬資糧道；

6）印持所緣：　以四尋思為所緣境，由思所成慧為能緣。
此屬加行道前二位；

7）內持所緣：　由自證修所成慧為所緣境。屬加行道後二
位；

8）通達所緣：　見道初地通達所緣之法界，初見真如，以
此為所緣境；

9）增長所緣：　修道二至七地，地地增上，即以此為所緣
境；

10）悟入所緣：　以世間出世間雙運為所緣境，是即住七
地菩薩之所緣；

11）任運所緣：　離一切相、離作意平等任運，是即住八
地菩薩之所緣；

12）最勝所緣：　分別為九地、十地、佛地等三種所緣
境。

修證無上有十種。由「四無缺」說者四種：種姓修證、
信解修證、發心修證、正行修證。

復次，由地道說者六種──

1）入出離：初地之修證；

2）成熟有情：初至七地之修證；

3）淨土：八地之修證；

4）得不退轉：八地成熟之修證；

5）佛地：盡除二障及習氣之修證；

6）示現菩提：三身自性相無休息，周遍示現菩提。

　　如上所說，已明本論條理。讀者於此須再三謹記，並非以雜染法為邊見、亦並非以清淨法為中道，於一切法，皆由辯證而成中，一落名言即落於邊際。為此，對真實品尤應細讀，以論中建立真實為例證，餘即易於了知。

　　於寫本文時，眼力、心力已覺疲倦，故僅撮本論大意略說如上，別有餘義，則詳於邵頌雄的〈前論〉。

　　願吉祥。

把安慧疏與世親釋兩種梵本，加以校勘，整理出另一梵文校訂本[13]，亦具參考價值。

三、譯本

1）漢譯

《辨中邊論》的漢譯，乃本論各種文字翻譯中最早的一種，是即真諦譯師的《中邊分別論》，於南朝永定二年（558 C.E.）譯出。論題僅稱之為「論」，但此實為世親論師的釋論[14]。其後，玄奘法師於唐龍朔元年（661 C.E.），譯出世親釋論的另一譯本，題為《辯中邊論》[15]，亦為世親釋論。兩譯相隔近百年，不但譯題相異，譯文的差異亦甚大，持之比對，正是認識兩系瑜伽行的基石。此外，玄奘亦另輯有全論的根本頌，題為《辯中邊論頌》[16]。

玄奘法師對真諦的譯本多有非議，甚至對他將論題譯為《中邊分別論》也予以非難，認為不合漢語文法。然而，正如山口益於他的《漢藏對照辯中邊論》導論中指出，玄奘於其《大唐西域記》中，亦同樣稱此論為《中邊分別論》，至於他的弟子所撰的《慈恩傳》，也對本論持同一譯名。山口博士乃認為玄奘的指斥「不合情理」。事實上，本論的梵名 *madhyāntavibhāga*，*madhya* 之意為「中」、*anta* 之意為「邊」、

---

[13] Ramchandra Pandeya, ed., *Madhyāntavibhāga-śāstra*. Delhi: Motilal Banarsidass, 1971。

[14] T1599。

[15] T1600。

[16] T1601。

vibhāga則可作「分別」或「辨別」解（而無「辯論」、「爭
辯」之意），是故將之譯作《中邊分別論》或《辨中邊論》，
其實都比玄奘之《辯中邊論》更合論題原意。可能因此之故，
近年台灣學術界也多用《中邊分別論》而棄用奘譯之論題。

　　談錫永上師於本書，依據長尾雅人的梵校本，對勘藏譯
本以及上述兩種漢譯，除了釐清世親釋論漢譯本的歧異、討論
譯文值得商榷處之外，更重譯大部份根本偈頌，可視為《辨中
邊論》論頌的第三種漢譯。

2）藏譯

　　於《西藏大藏經》，有關《辨中邊論》的譯本共有三
種，悉由勝友（Jinamitra）、戒王菩提（Śīlendrabodhi）、智軍
（Ye shes sde）三位譯師共同合譯：

一）《辨中邊論》根本頌：
　　dBus dang mtha' rnam par 'byed pa' tshig le'ur byas pa，相對
　　梵文為：*Madhyāntavibhāga-kārikā*（《辨中邊論頌》）；
　　收入《德格版》no. 4021；同一譯本於《北京版》則題為
　　dBus dang mtha' rnam par 'byed pa（《辨中邊論》），收入
　　《北京版》no. 5522；

二）《辨中邊論》世親釋論：
　　dBus dang mtha' rnam par 'byed pa'i 'grel pa，相對梵文為：
　　Madhyāntavibhāga-bhāṣya（《辨中邊論註》），收入《德
　　格版》no. 4027、《北京版》no. 5528；

三）《辨中邊論》安慧釋論：

　　dBus dang mtha' rnam par 'byed pa'i 'grel bshad，相對梵文
為：*Madhyāntavibhāga-ṭīkā*（《辨中邊論釋疏》），收入
《德格版》no. 4032、《北京版》no. 5534）。

　　就漢譯與藏譯而言，還見有兩種文字翻譯的校勘研究。
山口益於出版了他校訂本論的梵本後一年，還編訂了《漢藏對
照辯中邊論》[17]。近代的歐陽竟無居士，亦曾參考西藏譯本以
將諦譯與奘譯加以校勘，收入他編纂的《藏要》內。[18]談錫永
於本書的校勘，亦紹繼歐陽居士的漢藏佛學研究，除了於文本
上作出校對比勘以外，還指出不同譯文所表徵對瑜伽行教法見
地的抉擇。

3）日譯

　　筆者所見本論的日語翻譯，共有兩種：

1）　山口益譯註、安慧阿遮梨耶造，《中邊分別論釋疏》
　　　（東京：破塵閣書房，1936）；

2）　長尾雅人先譯出本論世親釋的第一與第三兩章，題為
　　　《中正と両極端との弁別》，收入「世界の名著・大乘
　　　仏典」（東京：中央公論社，1967）：397-426；全譯本
　　　則見《中辺分別論》，收入「大乘仏典15・世親論集」
　　　（東京：中央公論社，1976）：215-358；380-409。

---

[17]　山口益編，《漢藏對照辯中邊論》（東京：鈴木學術財團，1937）。

[18]　歐陽竟無編，《藏要》第四冊（台灣：新文豐出版公司，1987）。

4）英譯

　　《辨中邊論》根本論及兩種釋論的英譯，為數不少，但大部份都是節譯本，只譯出了第一品（〈辨相品〉）或第三品（〈辨真實品〉）。其中計有：

1） David Lasar Friedmann. *Sthiramati, Madhyānta-vibhāgaṭīkā: Analysis of the Middle Path and the Extremes.* Utrecht, Netherlands: Rijksuniversiteit te Leiden, 1937.

2） Paul Wilfred O'Brien, "A Chapter on Reality from the *Madhyāntavibhāgaśāstra, "Monumenta Nipponica,* vol. IX（1953）: 277-303; vol. X（1954）: 227-269.

3） F. Th. Stcherbatsky, *Madhyantavibhaga: Discourse on Discrimination between Middle and Extremes Ascribed to Bodhisattva Maitreya and Commented by Vasubandhu and Sthiramati.* Bibliotheca Buddhica, 30. Osnabrück, Germany: Biblio Verlag, 1970; reprint, Calcutta: Indian Studies Past and Present, 1971.

4） Thomas A. Kochumuttom, *A Buddhist Doctrine of Experience*（Delhi: Motilal Banarsidass, 1982）: 27-89.

5） Stefan Anacker, *Seven Works of Vasubandhu*（Delhi: Motilal Banarsidass, 1984）: 191-290。

　　至於全譯本，則只有：

Mario D'Amato, *Distinguishing the Middle from the Extremes: A*

Study and Annotated Translation of the Madhyāntavibhāga, Along with Its Commentary, the Madhyāntavibhāga-bhāṣya.（*A Yogācāra Buddhist text of circa the fourth century CE, translated from Nagao's edition of the Sanskrit manuscript*）（此為安慧釋論的全譯本）。此譯本與研究，本文付梓之日尚未出版；筆者與 D'Amato 教授因學術會議而認識，是故曾讀過他為此書寫的導論。還望此書能早日問世。

四、諸家註釋

1）印度論師釋疏

　　印度論師的釋疏，除了世親與安慧兩篇以外，還有上來提及已失傳的護月釋。從西天竺到中國的真諦三藏，亦註有《十八空論》[19]一篇，專釋《辨中邊論・辨相品》內提及之「十八空」，以及《辨真實品》內十種真實中第九、第十兩種真實，即「差別真實」（真諦譯作「分破真實」）與「善巧真實」（真諦譯作「勝智真實」）。[20]此外，真諦對本論的詮釋，尚可見於他口授翻譯的《中邊分別論》之中比世親釋論原論多出來的部份 ── 這應可理解為真諦譯師口譯本論時，為筆錄者講授論義而被錯記為譯文。

---

[19]　T1616。

[20]　《十八空論》題為龍樹菩薩造、真諦三藏譯，不確。參牟宗三《佛性與般若》（台北：學生書局），上卷，頁373-392。

2）漢土祖師詮釋

　　漢土對本論的詮釋，還有經玄奘法師傳入唯識今學的觀點，見於窺基的《辯中邊論述記》，亦反映於元曉的《中邊分別論疏》（原為四卷，今僅存卷三）[21]。慈恩宗各師對本論的著述，還有僧辯的《中邊分別論章疏》、玄應的《辯中邊論疏》及《辯中邊論古跡記》、玄範的《辯中邊論疏》、慧讚的《辯中邊論疏》、據師的《辯中邊論疏》等，然而此等論疏經已散失，唯見於唐代以後的幾種論典目錄。此外，於這類佛家經典目錄中，還見到提及真諦的《中邊分別論疏》和吉藏的《中邊分別論疏》。真諦的論疏，或即是《十八空論》，又或《十八空論》原只是此《論疏》的部份，抑或另作疏釋，今已難稽考。至於吉藏一論，亦已佚失。吉藏既從學於真諦，他的《論疏》自亦應屬於瑜伽行古學的觀點。

　　就近代漢土佛教而言，武昌佛學院與支那內學院都分別為《辨中邊論》留下了註釋：前者有太虛法師的《辯中邊論頌釋》[22]，而後者也有呂澂的《辯中邊論講要》與《辯中邊論要義》。[23]

3）藏地祖師釋論

　　藏傳的釋論中，最早出現的，應為第三世大寶法王自生

---

[21]　《續藏經》第48冊，no. 797。

[22]　此為講記，碧松筆錄，收入《太虛大師全書》第六編「法相唯識學」（北京：宗教文化出版社複印，2005），頁301-440。

[23]　《辯中邊論要義》一篇，收入《呂澂佛學論著選集》（濟南：齊魯書社）第一冊；《辯中邊論講要》，收入《選集》的第二冊。

金剛（Rang 'byung rdo rje, 1284-1339）所造的一篇註釋。自生
金剛是西藏佛教噶舉（bKa' brgyud）、甯瑪（sNying ma）兩派
共為推許的大成就者、大學者。尊者受持兩派的教法，著作等
身，可惜也有不少經已佚失。此《辨中邊論釋》即是其中之
一。

　　其後，薩迦派的絨・所知普明（Rong ston shes bya kun rig,
1367-1449）出一釋論，題為《辨中邊論之修習次第精髓・極明
光輝》（*dBus mtha' rnam 'byed kyi sgom rim snying po rab gsal*）[24]。
絨師精研安慧疏；本論實為絨師撮安慧疏之精要而寫成，大致
而言，其內容不出於安慧論師的論疏。

　　約五百年後，藏地再有新的釋論問世，是為格魯派學者
善慧吉祥持教盛名（Blo bzang dpal ldan bstan 'dzin snyan grags,
1866-1928）的《辨中邊論釋・白蓮座》（*dBus dang mtha' rnam
par 'byed pa'i 'grel pa padma dkar po'i khri shing*）[25]。

　　稍後，甯瑪派的不敗勝海尊者（Mi pham rgya mtsho, 1846-
1912）亦為本論造釋，題為《辨中邊論釋・光明鬘》（*dBus
dang mtha' rnam par 'byed pa'i bstan bcos kyi 'grel pa 'od zer 'phreng
ba*）。尊者的釋論，不少篇幅都是針對善慧吉祥持教盛名的釋
論而寫，尤其是尊者的自宗傳規，對格魯派闡釋的三自性，未
能苟同。較不敗尊者稍晚的他喜堪布（mKhan po gzhan dga',
1871-1927，即利他法相 gZhan phan chos kyi snang ba），乃宗派

---

[24]　In gsung 'bum/ shes bya kun rig. TBRC W1PD83960. 1: 383 - 386. khren tu'u: si
　　　khron dpe skrun tshogs pa/ si khron mi rigs dpe skrun khang, 2008。

[25]　In gsung 'bum/_blo bzang dpal ldan bstan 'dzin snyan grags. TBRC W23608.
　　　13: 751 - 840. khreng tu'u: dmangs khrod dpe dkon sdud sgrig khang nas spel,
　　　2001。

融和運動（ris med）的重要人物。他造有《辨中邊論廣釋》
（*dBus dang mtha' rnam par 'byed pa'i tshig le'ur bas pa'i mchan
'grel*），可說是延續不敗尊者釋論的論旨更作發揮。此二釋論
於近年已有英譯本。[26]

五、由瑜伽行古學之「相應」義
建立三自性

　　瑜伽行派的所謂「相應行」，乃指經觀修為基礎，得以
無功用而與如來無上正等正覺（anuttarasamyaksaṃbodhi）的境
界相應，此亦即與如來的證智（jñāna）相應、與如來的功德
（guṇa）相應、與法界（dharmadhātu）相應、與真如
（tathatā）相應。然而，依據瑜伽行古學的觀點而言，此相應
的現證境界，卻非新得，而是一切有情所本具。此如本論第一
品的頌16所言：

　　　或染或清淨　　有垢或無垢
　　　如水金虛空　　淨故許為淨[27]

同一品結頌（頌22）復言：

　　　非染非非染　　非淨非非淨
　　　心本光淨故　　煩惱客塵染

---

[26] Dharmachakra Translation Committee, tran. *Middle Beyond Extremes: Maitreya's Madhyāntavibhāga with Commentaries by Khenpo Shenga and Ju Mipham*. Ithaca: Sow Lion, 2007。

[27] 本文所引《辨中邊論》偈頌，依談錫永之校譯。真諦與玄奘之舊譯，詳見本書「校疏」部份，頌22。玄奘本作：「非染非不染　非淨非非淨　心性本淨故　由客塵所染」。

合此二頌而言，即說心本光淨（prakṛtiś cittasya prabhāsvarā），而為客塵（āgantukakleśa）所染；由心本光淨，是故非染非不淨；由客塵所染，是故非淨非不染。如是說為空差別相。差別相者，為無垢位與有垢位。無垢位說為清淨、有垢位說為雜染。世親論師釋前頌時，特別提出：

雖先雜染後成清淨，而非轉變成無常失。如水界等出離客塵，空淨亦然，非性轉變。

此即重申，離垢清淨之果，並非新得。此義亦同樣見於《大乘經莊嚴論・隨修品》第18、19兩頌：

譬如清水濁　穢除還本清
自心淨亦爾　唯離客塵故
已說心性淨　而為客塵染
不離心真如　別有心性淨[28]

世親釋此言：

譬如水性自清而為客垢所濁，如是心性自淨而為客塵所染。此義已成。由是義故，不離心之真如別有異心，謂依他相說為自性清淨。此中應知，說心真如名之為心，即說此心為自性清淨。此心即是阿摩羅識。

此中所說，實即上引《辨中邊論》二頌所說義無異。由此亦可見，所謂心本光淨，其實即是用以形容有情本具的心真如。漢譯本的《大乘經莊嚴論》，由波羅頗蜜多羅譯出。若比對

---

[28] 依波羅頗蜜多羅譯，T1604: 622-623。

《大乘莊嚴經論》的梵本[29]，此中所說之「心真如」，梵文實指「法性心」（dharmatācitta）；此中所說之「阿摩羅識」，梵文則原為「心真如」（cittatathatā）之意。是故波羅頗蜜多羅所譯之阿摩羅識，實與真諦所指的無垢識或第九識不同。然而，不論譯言為何，瑜伽行派論典中提到的「心真如」（cittatathatā）、「法性心」（dharmatācitta）、「心本光淨」（prakṛtiś cittasya prabhāsvarā）、「無垢識」（阿摩羅識，amalavijñāna）等，其意義都與如來藏思想銜接，亦與《般若經》中所說「心非心性，本性淨故」的思想相通。[30]心、佛、眾生，三無分別，一切有情心之體性，皆與清淨之真如無異，是為如來藏思想之所開許，亦為瑜伽行古學教法的重要一環。是故《大乘經莊嚴論》乃有頌云：

> 一切無別故　　得如清淨故
> 故說諸眾生　　名為如來藏[31]

世親的註釋解說此頌言：

> 此偈顯示法界是如來藏。一切無別故者，一切眾生、一切諸佛，等無差別，故名為如；得如清淨故者，得清淨如以為自性，故名如來。以是義故，可說一切眾生名為如來藏。

---

[29] 偈頌：yathaiva toye lutite prasādite na jāyate sā punar-acchatānya-taḥ/ malāpakarṣastu sa tatra kevalaḥ svacitta śuddhau vidhir eṣa eva hi // mataṃ ca cittaṃ prakṛtiprabhāsvaraṃ sadā tadāgantukadoṣaduṣitaṃ/ na dharmatācittamṛte' nyacitasaḥ prabhāsvaratvaṃ prakṛtau vidhyīate //。

釋論：na ca dharmatācittadṛte' nyasya cetasaḥ paratantralakṣaṇasya prakṛtiprabhāsvaratvaṃ vidhīyate/ tasmāc-cittatathataivātra cittaṃ veditavyam /。

[30] 可參考葉阿月《以中邊分別論為中心比較諸經論的心性清淨說》，載於《文史哲學報》第23期（1974年10月）：117-184。

[31] T1604: 604。

有情即使受各種煩惱與毒污染，其自心的本性亦一向光淨、與
法性真如一味，此說為有垢位；若行者經修習，轉依本來如是
之法性境界，是則為無垢位的顯露。是亦即上引世親釋《辨中
邊論》時，以虛空、金、水為譬喻，說明此轉依非性轉變，而
僅為本來清淨的心性因離垢而得顯露。此本來清淨
（prakṛtiviśuddha）的心性（或說為心真如、或說為法性心），
即是如來藏。

　　《寶性論》即以「有垢真如」（samalā tathatā）與「無垢
真如」（nirmalā tathatā）二者，說明「如來藏」與「如來法
身」。此中，有垢真如「為清淨與污染同時，此說為不思議境
界」；無垢真如則為「法爾不受污染，非由污染得清淨後始
有，此為不思議境界」。[32]

　　同論更有討論「相應」義之一節，提出：

　　　　此云相應，乃指如來性與其〔清淨〕果相應。…五
　　　　通、無漏智及漏盡等七者，皆於無漏界中不離不
　　　　異，與法界相融（samanvāgama），為無學身所具，
　　　　此即說為相應。[33]

　　小結上來的討論，我們且從境、行、果三方面，來總括
瑜伽行古學的「相應行」義，以境、行、果可作為通辨瑜伽論
義的三科故[34]。依此，從「境」而言，其為次第引導行者依觀
修而與本具的如來藏相應；從「行」而言，由於綑綁有情於雜

---

[32]　依談錫永譯，見《寶性論梵本新譯》，頁58-59。

[33]　《寶性論梵本新譯》，頁80。

[34]　此如歐陽境無居士於《瑜伽師地論敘》所言：「凡教所明，唯有三種，
　　　曰境行果，是稱三相。依境起行證果，如是為教故。」（金陵刻經處，
　　　1917，頁2）。

染的根源，就是虛妄分別，是故整個瑜伽行的修習體系，總體來說就是一個次第離分別的過程；從「果」而言，就是現證無分別智、現證法界功德、現證本具如來藏究竟顯露。

《寶性論》的《證菩提品》（*Bodhyadhikara*），另有一頌解釋「第一義性相之相應義」，頌云：

> 不可思議常且恆　　清涼不變且寂靜
> 周遍及離諸分別　　善淨無垢佛體性
> 彼如虛空無染着　　遍一切處皆無礙
> 抑且離於粗官感　　彼不可見不可取[35]

此即謂與「第一義性相」（paramārtha lakṣaṇa）相應，即是與佛體性（buddhatva）相應，而此性相當抉擇為不可思議、恆常、清涼、不變、寂靜、周遍、離諸分別、善淨、無垢、無染、無礙、離於根識官感、不可見、不可取。此說與《辨法法性論》中所說如何悟入無分別智之能相，實無二致，論言：

> 能相之悟入　　當知由三者
> 謂住於法性　　以其住無二
> 離言法性住
> 謂由無顯現　　以二取名言
> 根境識器界　　悉無顯現故
> 無分別智相　　如經言有六
> 無分別無示　　無住無顯現
> 無有了別識　　亦復無依處
> 謂由顯現悟　　諸法如虛空
> 一切行相現　　猶如幻化等[36]

---

[35] 《寶性論梵本新譯》，頁138。

[36] 《辨法法性論及釋論兩種》，頁197。

所謂悟入無分別智、悟入法性，其實即是與本具的無分別智
（如來藏）相應、與恆常的法性相應。由此亦可理解，修習瑜
伽行而與本具清淨心、如來藏、第一義性相、佛體性相應，其
根本在於離諸分別。

同論復言：

> 無二無分別　　是無分別智
> 無境無所得　　以彼一切相
> 由無得而現[37]

由證無分別智而無所得，依此智境現觀法界諸莊嚴，此不但合
乎《般若》經教，也與如來藏諸經的教法相通。於《心經》
中，說「無智亦無得，以無所得故，菩提薩埵，依般若波羅蜜
多故，心無罣礙…」，即說無所得義，而觀自在菩薩於行深般
若波羅蜜多時，「照見五蘊皆空」，即說現觀法界莊嚴義；於
《楞伽》的說法，則為「大慧，說一切法具幻自性性相者，謂
欲凡愚與淺智者，得遣除一切法自性想，…大慧，若見一切法
而能如實見其真實，即能悟入唯心自顯現。」[38] 唯心自顯現之
義，無非即是依無分別、無所得之智境如實照見一切法而見其
真實，應無所住而生其心。

此諸法的真實義，為佛之現證境界，離諸言說，然為教
化故而有言教，是故《楞伽》乃有「宗趣法相」（siddhānta-
nayalakṣaṇa）與「言說法相」（deśanā-nayalakṣaṇa）的建立：

> 於是世尊言：一切聲聞緣覺與佛所得之現證，其性

---

[37] 上揭書，頁225。

[38] 依談錫永譯，見《入楞伽經梵本新譯》（台北：全佛出版社，2005），頁
102-103。

相有二。一者宗趣法相、二者言說法相。

今者，大慧，宗趣法相者謂內所得境界，其性相面貌為離語言、離分別、離文字，由是導入無漏境界。此為內自證境地自性相，遠離哲理思維與魔眾。以摧毀哲理思維及魔眾故，所得之內自光明即發光輝。大慧，此即宗趣法相。

今者，大慧，云何言說法相？此即九部教法中之種種，此令人離有無二見，離於一異。先以善巧方便，導有情得知覺，由是凡傾向彼者，皆得受教。大慧，此即言說。[39]

同屬三轉法輪的《解深密經》（*Samdhinirmocana-sūtra*），亦有相類的建立，唯所用的名言有所不同而已。經云：

謂諸聖者以聖智聖見離名言故。現等正覺。即於如是離言法性。為欲令他現等覺故。假立名想謂之有為。善男子。言無為者。亦是本師假施設句。若是本師假施設句。即是遍計所執言辭所說。若是遍計所執言辭所說。即是究竟種種遍計言辭所說。不成實故非是無為。善男子。言有為者。亦墮言辭。設離無為有為。少有所說其相亦爾。然非無事而有所說。何等為事。謂諸聖者以聖智聖見離名言故。現等正覺。即於如是離言法性。為欲令他現等覺故。假立名想謂之無為。[40]

---

[39]　《入楞伽經梵本新譯》，頁132。
[40]　依玄奘譯，見T676, 698a。

　　瑜伽行派依此道理，建立了「離言自性」（nirabhilāpya-svabhāva）與「假說自性」（prajñaptivāda-svabhāva）。[41]此可見於《瑜伽師地論》（*Yogācārabhūmi*）的《真實義品》（*Tattvārtha*）：

> 以何道理應知諸法離言自性？謂一切法假立自相，或說為色、或說為受，如前廣說，乃至涅槃，當知一切唯假建立，非有自性，亦非離彼別有自性，是言所行、是言境界。如是諸法，非有自性如言所說、亦非一切都無所有；如是非有，亦非一切都無所有。云何而有？謂離增益實無妄執，及離損減實有妄執。如是而有，即是諸法勝義自性，當知唯是無分別智所行境界。…[42]

> …於此一切色等想法、色等自性，都無所有，亦無有餘色等性法，而於其中，色等想法離言自性，真實是有，當知即是勝義自性，亦是法性。[43]

復言：

> 又安立此真實義相，當知即是無二所顯。所言二者，謂有非有。此中有者，謂所安立假說自性，即是世間長時所執，亦是世間一切分別戲論根本，或

---

[41] 對於這兩種自性，呂澂居士提供了簡明的解釋：一、假說自性，即指人們對於事物、現象藉助名言的了解；二、離言自性，即指離開名言的事物現象的本身。見呂澂《印度佛學思想概論》（台北：天華出版事業，1993）：206。這或可方便我們的理解。然深入而言，見下來所引的兩段經文。

[42] 依玄奘譯，見T1579:488。

[43] 同上，489a。

謂為色受想行識，或謂眼耳鼻舌身意，或復謂為地
水火風，或謂色聲香味觸法，或謂為善不善無記，
或謂生滅，或謂緣生，或謂過去未來現在，或謂有
為或謂無為，或謂此世或謂他世，或謂日月，或復
謂為所見所聞所覺所知、所求所得意隨尋伺，最後
乃至或謂涅槃。如是等類，是諸世間共了諸法假說
自性，是名為有。言非有者，謂即諸色假說自性，
乃至涅槃假說自性，無事無相假說所依，一切都
無，假立言說。依彼轉者皆無所有，是名非有。先
所說有，今說非有，有及非有二俱遠離法相所攝真
實性事，是名無二。由無二故，說名中道；遠離二
邊，亦名無上。佛世尊智於此真實已善清淨，諸菩
薩智於此真實學道所顯。[44]

上引兩段《瑜伽師地論‧真實義品》的經文，將諸法的真實
義，與離言自性、假說自性、無分別智所行境界、諸法勝義自
性、離有非有、無二中道等法義皆聯繫起來。由此亦可見，
「離言自性」與「假說自性」二者，雖然表面看來與龍樹
（Nāgārjuna）《中論》（Mūlamadhyamakakārikā）所建立之
「二諦」相似，但兩者的建立意趣畢竟有其不同的側重。龍樹
的二諦建立，著重依辯證、依教理來抉擇大乘緣起與空的中道
義；此與瑜伽行派著重依行者作觀行之境、行、果而建立之教
理，貌似而實不盡同。

由「離言自性」與「假說自性」此教說復作開衍，即成
「三自性」（trisvabhāvatā）的建立。上引《瑜伽師地論‧真

---

[44] 同上，486c–487a。

實義品》的兩段經文，若把其中義理更作權宜安立，即便架起
三自性的名相：所謂「色等想法離言自性，真實是有，當知即
是勝義自性，亦是法性」，即是圓成自性（parinispanna-
svabhāva）；所謂「所安立假說自性，即是世間長時所執，亦
是世間一切分別戲論根本 … 是諸世間共了諸法假說自性，是
名為有」，即是依他自性（paratantra-svabhāva）；所謂「諸色
假說自性，乃至涅槃假說自性，無事無相假說所依，一切都
無，假立言說。依彼轉者皆無所有，是名非有」，即是遍計自
性（parikalpita-svabhāva）。此中所說三自性的義理，同於《攝
大乘論》。無性的《攝大乘論釋》即有云：

> 世尊。慈氏，由此門故，應如是知：諸遍計所執
> 性、決定非有。諸依他起性、唯有名想施設言說。
> 諸圓成實空無我性，是真實有。我依此故，密意說
> 言，彼無二數，謂是色等，如是解脫二邊過失。[45]

　　當然，三自性的教法涵義，若作仔細抉擇，實較此中所
引無性釋的一段遠為深廣；對於三自性更深入的討論，見下來
一節。然而，此中所說，卻是三自性最基本的抉擇。

　　上來討論，依瑜伽行古學的教義，分析由「相應行」的
根本義（基），次第而作道上觀察的法義建立：依有情具分別
雜染的識境為立足點，把諸佛無分別智現證之真實義建立為
「離言自性」，並將由此離言自性自然流出之大悲教法的體
性，建立為「假說自性」。此兩種自性，亦可理解為諸佛的根
本智與後得智，或為如來法身與如來法身功德（二色身之示現

---

[45]　依玄奘譯，T1598, 382c。

以及種種功德）等等。凡夫識境的本來面目，其實無非即是如
是境界，然因客塵垢障故，遂依名言及二取而執實種種假說自
性之顯現為實有法。由是，用以抉擇「無垢位」的二自性，乃
開衍為抉擇「有垢位」的三自性。此三自性的建立，不僅是用
以分析心識境之體性，還是轉依（道）之機理。行者依此作次
第觀修，而與無分別智、法性等相應，至究竟位時，本來清淨
之如來藏顯露，是即圓證如來法身及其法爾功德、圓證無上正
等正覺（果）。

六、十真實中的根本真實 —— 三自性

1）三自性之體性

本論第三品《辨真實品》，廣說十種真實，其為根本真
實（mūla-tattva）、相真實（lakṣaṇa-tattva）、無顛倒真實
（aviparyāsa-tattva）、因果真實（phala-hetu-tattva）、粗細真實
（audārika-sūkṣma-tattva）、極成真實（prasiddha-tattva）、淨
所行真實（viśuddhi-gocara-tattva）、攝受真實（saṃgraha-
tattva）、差別真實（prabheda-tattva）、善巧真實（kauśalya-
tattva）。於中，根本真實即三自性，其餘之九種真實，悉依
三自性而建立。

關於三自性，在導論中已有討論，說依瑜伽行古學，如
何由三自性成立中道。關於這個問題，還可以詳細討論，因此
在這裡依瑜伽行古學討論一下三自性的體性，所說與唯識今學
有所異同。

瑜伽行派諸論，唯此論建立三自性為根本真實。以藏傳

「彌勒五論」而言,《大乘經莊嚴論》的內容廣攝皈依、發心、種姓、二利、六度、四攝、四無量心、三十七菩提分等,雖亦有提及三自性,卻未將之凌駕其他教法而許為根本真實。《辨法法性論》、《現觀莊嚴論》、《寶性論》等餘論,甚至完全不提三自性;又或可說,《辨法法性論》以無分別智為根本真實,《現觀莊嚴論》以般若為根本真實,《寶性論》以如來藏為根本真實。何以有此分歧?此當與本文開首所引印度護月論師的說法,闡釋有關《辨中邊論》屬何次第之教授有關。本論說加行道之所當現證,所以才說三自性為根本真實。這一點,瑜伽行今學未說。

若說根本真實,應該知道在五道中所建立都有所不同,然後依次超越,才能究竟。此如加行道於觀修時,決定三自性以超越資糧道所決定的唯識無境;復於見道時,決定無分別無所得,超越加行道所決定的三自性,這就是住入真唯識而現證真如。修道、無學道的超越,亦復如是。所以在修道中,證入般若,復由對般若的深觀,由證入現空雙運(「色即是空」等四句)而現證深般若波羅蜜多[46],最後證入如來藏而成究竟。

瑜伽行的論著,有說三自性、有不說三自性,即須由此而理解,當說資糧道與加行道時,須說三自性,然而當超越加行道,說至見道、修道、無學道時,即不須說三自性,因為這時,三自性已不是根本真實。

據護月論師所言,《辨中邊論》為「五道」中的加行道教授。行者於加行道上之所為,先現證似顯現之外境為唯識變

---

[46]　「色即是空」四句,為觀修現空雙運的抉擇見。依此抉擇,次第觀察蘊、處、界等識境,乃至觀察佛的言說,如四諦等,是為決定,及至究竟,得現證無上正等正覺,此即瑜伽行中觀依現空雙運的觀修。其詳,見《心經內義與究竟義》(台北:全佛文化,2005)。

現，故於外境無得；復次，現證能取境之內識亦不可得，由是初入離能所二取之無分別智境界。其中次第，於瑜伽行派諸論中，有多種異門說之，或由其證量說為煖、頂、忍、世第一四位，或由其觀修方便說為四尋思、四如實智，或由其加行次第說為有得加行、無得加行、有得無得加行、無得有得加行，如是等等。然而，此加行道之機理，實為三自性。此如《攝大乘論》（*Mahāyānasaṃgraha*）頌言：

> 名事互為客　　其性應尋思
> 於二亦當推　　唯量及唯假
> 實智觀無義　　唯有分別三
> 彼無故此無　　是即入三性[47]

此中，初二句說行者於加行道之煖、頂二位，以四尋思之名尋思與事尋思，觀察諸似顯現之體性非實有；次二句說行者應繼而依四尋思之自性尋思與差別尋思，認知一切所顯唯是識量和內識之假立。更次二句，說依上來之四尋思為因，生出四如實智，是即進入加行道之忍位，行者依如實智決定似現外境唯是虛妄分別（名分別、自性分別、差別分別）。最後二句，說由決定義無故，分別亦寂息為無，由是依三自性總說此四句頌義，於初二句為遍計自性之悟入；於次二句為依他自性之悟入；於更次之二句，即是悟入圓成自性。由此可見，三自性乃加行道法的根本抉擇見。是故，於加行道而言，三自性為根本真實。

若以「離言自性」與「假說自性」來歸納三自性，不難看見「離言自性」所攝者，唯是圓成自性；「假說自性」所攝

者，則有依他自性與遍計自性。如此抉擇三自性，為瑜伽行古
學的學說。唯識今學，則以依他自性亦為真實，不將之視作
「假說自性」。此如遁倫《瑜伽論記》所言：

> 西方有二釋。初釋云，真實性離言自性，分別性情所
> 取法，是言說所說自性真實性所離也。假說自性者，
> 依他性是假說自性法也。平等平等者，菩薩證能取空
> 證二性時皆無能取所取，故言平等平等者也。第二難
> 陀釋論云，依他真實皆離分別性故並是離言自性也，
> 於分別性假說自性中說有能取所取，菩薩入法無我時
> 於假說自性中能取所取皆遣，故云平等平等，無分別
> 智所行境界即是真實依他皆是真如也。[48]

瑜伽行古學對三自性如此抉擇，其實亦見於諸大乘經。此如藏
傳佛教名為《彌勒請問章》（*Byams shus kyi le'u*）的《一萬八
千頌般若經》（*Aṣṭadaśasāhasrikaprajñāpāramitāsūtra*）
第八十三章及《二萬五千頌般若經》
（*Pañcaviṃsatisāhasrikaprajñāpāramitāsūtra*）第七十二章[49]，便
有如下的一段經文：

> 彌勒當知，遍計執色，是名無體。諸分別色中，當
> 知有體，以諸分別是有體故，非自在生。諸法性
> 色，當知非有體、非無體，是由勝義之所顯故。[50]

---

[48] T1828, 502c – 503a。

[49] 竹村牧男，《唯識三性說の研究》（東京：春秋社，平成七年）：頁52。

[50] 此依法尊譯，見法師宗喀巴《辨了不了義善說藏論》（台北：大乘
出版社）頁260。梵文原文如下：yan maitreya parikalpitam rūpaṃ idaṃ
adravyaṃ draṣṭavyaṃ yad vikalpitaṃ rūpaṃ idaṃ vikalpitaṃ rūpaṃ sadravyatāṃ
upādāya sadravyaṃ draṣṭavyaṃ na tu svatantra vṛttitaḥ yad dharmatā rūpan tan
naivādravyaṃ na sadravyaṃ paramārtha prabhāvitaṃ draṣṭavyaṃ //。

此所謂遍計色（parikalpita rūpa）、分別色（vikalpa rūpa）、法
性色（dharmatā rūpa），即等同三自性之遍計自性、依他自
性、圓成自性。《辨中邊論・辨真實品》第16頌的下半句，即
引用上引《彌勒請問章》的義理：

> 彼所執分別　　以及法性義

世親釋解此頌云：

> 且色蘊中有三義者，一所執義色，謂色之遍計所執
> 性；二分別義色，謂色之依他起性，此中分別以為色
> 故；三法性義色，謂色之圓成實性。如色蘊中有此三
> 義，受等四蘊、界等九法，各有三義，隨應當知。

《彌勒請問章》中，抉擇遍計色為無、分別色為有、法
性色為非有非無。所言分別色為「有」者，經文已解釋，此因
分別為「有」故，而建立分別之色為「有」，非指其為實體
有、真實有。此中所說，實亦與《辨中邊論・辨相品》開首一
頌的義理無異：

> 虛妄分別有　　於此二都無
> 此中唯空性　　於彼亦有此
> 故說一切法　　非空非非空
> 有無及有故　　是則為中道

比較兩者，「虛妄分別有」者，即說分別色為有，或說依他自
性為有；「於此二都無」者，指於分別色中實無遍計色，亦即
說依他自性中實無遍計自性之能取所取；至於「一切法」的
「中道」法性，則為非有非無，是即非空非非空。

　　復參考上引《瑜伽師地論‧真實義品》的說法，亦可進一步抉擇三自性之有無如下：依他自性之「有」，為假說自性之「有」；遍計自性則為恆常為「無」；而圓成自性之「有」，應知為離言自性之「有」。如是抉擇「有無及有」，是為「中道」；易言之，如是抉擇三自性，亦為「中道」。是故本論《辨真實品》，才說三自性為「根本真實」。[51]說為真實，並不是說三自性的個別自性真實，實在是說，基於對三自性的全面觀察，可以得到真實（悟入中道），是故許為「根本真實」。所以於未作抉擇、觀修、決定前，我們就不能貿貿然說，圓成自性是中，遍計、依他是邊。讀瑜伽行的經論，都須持著這種態度，以觀修為基礎，來理解經論的密意；如果僅依文字來作詮釋，那便完全落於名言與句義，因此很容易錯失經論所欲表達的真實義。

　　本論依七事說一切法，並未個別指出何者為中、何者為邊，那就是須依三自性來觀察這些法，由通盤觀察，然後才能由觀修來決定中邊，這就是瑜伽行之所為。若泛泛而說中邊，那就離開了觀修所須的抉擇與決定。

　　除《二萬五千頌般若》外，本論還引用《入楞伽經》的教法。經中有頌言：

　　　　相名與分別　　即二自性相
　　　　正智及如如　　圓成自性相[52]

---

[51]　有關《辨中邊論》中作為根本真實的三自性說，可參考葉阿月的《唯識思想研究 —— 根本真實三性說中心》

[52]　《入楞枷經梵本新譯》，頁199。

《辨中邊論·辨相品》即見幾近相同的論頌：

　　相分別與名　　為二性所攝
　　正智與如如　　實為一所攝

此即以五法中之相、名、分別，由遍計與依他二自性所攝
（相、名為遍計自性所攝，分別為依他自性所攝）；正智與如
如，則唯由圓成自性所攝。其中義理，實與上引《彌勒請問
章》的說法相通。《楞伽》復對三自性加以闡釋，其中抉擇圓
成自性為如來藏體性，即與上來討論瑜伽行古學的相應義相
合：

　　　　今者，大慧，遍計自性由似相生起。何則？大慧，
　　　　其為由似相生起耶？於依他自性中，緣起相現為種
　　　　種相狀，大慧，此等事相即被計着〔為真實〕。…[53]

　　　　今者，大慧，云何圓成自性？於行人棄置相、名、
　　　　事分別時，此即如如，〔依此即〕能通達聖智，即
　　　　內自證聖智境界。大慧，圓成自性即是如來藏體
　　　　性。[54]

　　瑜伽行派以轉依為道。若依古學的教法而言，其所轉捨
者，為相、名、分別，亦即遍計自性與依他自性；其所依得
者，為正智與如如，是即圓成自性，是亦為如來藏體性。唯識
今學的教法，則不同意此說。

---

[53]　見《入楞伽經梵本新譯》：68。
[54]　見《入楞伽經梵本新譯》：68-69。

　　三自性雖各自有其定義，然而三者卻為非一非異，此即
有如離言自性與假說自性，二者亦為非一非異。所謂非一非異
者，乃指三自性雖然彼此性相不同（非一），但三者亦並非沒
有關係（非異）。圓成不可見，於是見為依他，再在依他上加
上遍計，這就是觀修時的觀察，所以不能將三者個別觀察；分
離三者而觀，所能決定的依然是假說。此如世親的《三自性判
定》（*Trisvabhāva-nirdeśa*）所言，三自性具「有與無」、「二
與一」、「雜染與清淨」之差別，然而，若就遍計自性與圓成
自性二者而言：

　　　一者性不諦實二　　　一者無事以為性
　　　故除遍計名言外　　　實無異於圓成性
　　　一者無二以為性　　　一者二取無自性
　　　亦除圓成此性外　　　實無異於遍計性

　　若就依他自性與圓成自性二者而言：

　　　一者非如現而有　　　一者如是無自性
　　　故除彼之依他外　　　實無異於圓成性
　　　一者二性非如實　　　一者似現而無體
　　　亦除圓成此性外　　　實無異於依他性[55]

　　上來四頌，分別以遍計依他二自性與圓成自性並論，顯
示三自性體性之非一非異。這就是全盤觀察三自性的範例，一
如《解深密經》所言：

---

[55] 依談錫永譯，收入《四重緣起深般若》，頁352-356。

> 復次，德本，相名相應以為緣故，遍計所執相而可
> 了知；依他起相上遍計所執相以為緣故，依他起相
> 而可了知；依他起相上遍計所執相無執以為緣故，
> 圓成實相而可了知。

　　此謂於依他自相之顯現（虛妄分別有）[56]，如實不執由遍
計自性建立的二取等相（於此二都無），即可了知圓成自性
（是即為中道），而依他自性則以遍計自性為緣而可了知（此
中唯有空，於彼亦有此）。遍計之二性非可諦實，以二取實無
自性故，是故除了所增益的名言外，實無異於以無二為其體性
之圓成自性；依他之顯現，非如其所顯而有，實為似顯現而無
實體，是故除依分別緣而成顯現外，亦無異於無實自性之圓成
自性。由這樣對三自性作全盤觀察，才可以得出決定。

　　有關兩種教法對三自性判別的不同，非本文討論範圍所
能細及。唯可一提的是，兩者之分別，傳入西藏時，亦成為了
他空大中觀（gZhan stong）與應成中觀（Prāsaṅgika）之諍 ——
他空大中觀（覺囊派 Jo nang pa）隨順瑜伽行古學的說法，視
轉依為轉捨遍計與依他二自性而依得圓成自性，應成中觀（格
魯派 dGe lugs pa）則隨順唯識今學的說法。唯識今學堅持依他
自性中之清淨依他一分為真實，是故清淨依他自性與圓成自性

---

[56] 此說「虛妄分別」為依他自性，乃瑜伽行派的傳統說法。此如世親論師的
《唯識三十頌》（*Triṃśikāvijñaptikārikā*）第21頌即云：「虛妄分別者　為
依他自性　乃依緣而生　常遠離前者　是即為圓成」（paratantrasvabhāvas tu
vikalpaḥ pratyayodbhavaḥ / niṣpannas tasya pūrveṇa sadā rahitatā tu yā //）。玄
奘譯本，因偈頌字數所限，未曾譯出此頌的完整意思，僅謂「依他起自性
分別緣所生　圓成實於彼　常遠離前性」。
安慧論師的《辨中邊論釋疏》，亦指相同說法，謂「虛妄分別為依他自
性，以依他諸因緣生起，而非自生起故」。

都是真實的存在。他空大中觀則認為只有圓成自性為真實（不
空），而應該空掉的，為遍計自性與依他自性（空）。西藏的
格魯派以唯識今學為三自性之正說，由是與主張他空大中觀之
覺囊派屢起爭論。甯瑪派的觀點，與瑜伽行古學一致，並未將
依他自性分為不淨與清淨兩種來作詮釋，或由是建立一者虛
妄、一者真實；亦未如他空大中觀般，視圓成自性為不空之本
體，而餘二自性則為需要空掉的妄相。瑜伽行古學，說虛妄分
別即是依他自性，由此乃有依於諸因緣生起之似顯現。於此等
似顯現，若以二取名言加以執實，即成雜染相，是為遍計自
性；然而，行者若能如實而見似顯現之真實、見所遍計事畢竟
非如其顯現而有，是即圓成自性。是故，非諦實依他自性之清
淨分，亦非滅除依他自性始見圓成，故本論說之中道，實抉擇
虛妄分別唯有空性，空性中亦有虛妄分別。依了義大中觀的名
相來說，此即「現相與實相相融」，亦可說為「現空雙運」，
是即為證智境界。此證智即由對三自性作全面觀察得出的決定
而來。唯識今學似乎忽略了這一點，他們是個別研討三自性，
這樣個別觀察，然後決定清淨與雜染，所得的依然是名言與句
義而已，不成證智的基礎。

　　上來抉擇三自性的非一非異，可以《攝大乘論》的一段
來作歸結：

　　　　復次，此三自性為異為不異？〔答：〕應言非異非
　　　　不異。謂依他起自性由異門故，成依他起；即此自
　　　　性由異門故，成遍計所執；即此自性由異門故，成
　　　　圓成實。由何異門此依他起成依他起？依他熏習種
　　　　子起故；由何異門即此自性成遍計所執？由是遍計
　　　　所緣相故，又是遍計所遍計故；由何異門即此自性

成圓成實？如所遍計畢竟不如是有故。[57]

2）三自性之觀修

蒙大拿大學（University of Montana）的佛學教授 Alan Sponberg，著有〈印度與中國的三自性學說〉一文[58]，提出瑜伽行派的典籍中有關三自性的解說，可歸納為「樞軸模型」（The Pivotal Model）與「進階模型」（The Progressive Model）兩種[59]。所謂「樞軸模型」，即視依他自性為樞軸，行者的轉依即是依之由遍計自性轉為圓成自性。至於「進階模型」，則指三自性的層層超越，由超越遍計自性而證入依他自性，復由超越依他自性而證入圓成自性。Sponberg還認為前者為印度瑜伽行派的模型，而後者為瑜伽行派弘傳至東南亞地區才發展出來的模型。對此見解，筆者不敢苟同。

西方的學術體系，對佛學的研究，容易走入理論化、系統化、哲學化，但同時又忽略佛家本身的思想傳統，由是乃有部份學者將層層疊疊的理論架構搬出來，卻是似是而非的觀點。上引Sponberg一文，即是一例。事實上，佛家教法的傳統，本來就具備見地與觀修兩門。此如Sponberg所說的兩種模型，既不是甚麼新發現，也不是如他理解的，分屬於印度與東南亞不同時代的建立。相反，印度瑜伽行派最早期的論典，已見有Sponberg所謂的兩種模型。最明顯的例子，見於世親論師

---

[57] T1594: 139。

[58] Alan Sponberg, "The *Trisvabhāva* Doctrine in India and China: A Study of Three Exegetical Models," 《龍谷大學佛教文化研究所紀要》no. 21 (1982)：97-119。

[59] 文中還有討論窺基確立的三自性模型，則不在這裡的討論範圍之內。

的《三自性判定》。論中的首21頌，細說三自性的體性與彼此之間的關係。所謂「樞軸模型」，見於第2、3兩頌：

　　依緣轉起者　　唯成遍計事
　　能現為依他　　所似現遍計
　　能現之似現　　必為無所有
　　以實無變異　　圓成即可知[60]

　　其中義理，亦即上一節所引《解深密經》所言「依他起相上遍計所執相無執以為緣故，圓成實相而可了知」。

　　《三自性判定》由頌22起，即明說Sponberg所謂的「進階模型」，論言：

　　已依於名言　　次第釋自性
　　次第而悟入　　依此今當說
　　遍計唯名言　　餘外假施設
　　名言若遍斷　　亦許為餘外
　　先由二無有　　悟入依他性
　　以二非為有　　唯是表義故
　　繼以二無性　　悟入圓成性
　　於此前已說　　說為有與無

《解深密經》亦同樣於說過三自性的體性後，即繼而說三自性的次第「進階」：

　　善男子，若諸菩薩，能於諸法依他起相上，如實了

---

[60]　依談錫永譯，收《四重緣起深般若》，頁340-341。

知遍計所執相，即能如實了知一切無相之法；若諸
菩薩，如實了知依他起相，即能如實了知一切雜染
相法；如諸菩薩，如實了知圓成實相，即能如實了
知一切清淨相法。

善男子，若諸菩薩，能於依他起相上如實了知無相
之法，即能斷滅雜染相法，若能斷滅雜染相法，即
能證得清淨相法。

如是，德本，由諸菩薩如實了知遍計所執相、依他
起相、圓成實相故，如實了知諸無相法、雜染相
法、清淨相法；如實了知無相法故，斷滅一切雜染
相法；斷滅一切雜染相法故，證得一切清淨相法。

　　如是，豈能贊同Sponberg之說法？不只此也，真諦三藏的
三自性學說，亦同樣是兩種「模型」兼備；他用以層層超越三
自性的，即是三無自性。此如唐代良賁於《仁王護國般若波羅
蜜多經疏》所記：

真諦三藏依《三無性論》，具遣三性立三無性：
一、遣分別立分別無相性；二、遣依他立無生性；
三、遣真實立真實無性性。此所遣者，於一真理遣
三性，故立三無性，廣如彼故。

慈恩三藏依《唯識論》，即依三性立三無性。…

問：此二三性所立何別？

答：前對遣三立三無性，後但依三立三無性。前空
後有是二別也。[61]

---

[61]　T1709: 431。

　　此即謂慈恩宗（唯識今學）的三自性，未有依層層超越而安立三無自性。由是，依上來討論，當可訂正Sponberg的說法：瑜伽行古學之三自性說，兼具「樞軸模型」與「進階模型」，以前者說見地、後者說觀修；唯識今學的三自性說，則但著重「樞軸模型」。

　　本論亦同樣依見地與觀修來說三自性。說見地者，如《辨相品》諸頌，不贅。說觀修者，如世親釋言：

　　應知此中於遍計所執唯有遍知，於依他起有遍知及永斷，於圓成實有遍知及證得。故依此三建立道諦。

　　實際觀修之次第證量，本論名之為「於虛妄分別入無相方便」，論頌如下：

　　　　依其有所得　　可成無所得
　　　　依其無所得　　亦成無所得
　　　　成就有所得　　實為無所得
　　　　故知有所得　　無所得平等

世親釋此偈云：

　　依止唯識有所得，故先有於境無所得生；復依於境無所得，故後有於識無所得生。由是方便，得入所取能取無相。

　　唯識生時現似種種虛妄境，故名有所得。以所得境

無實性，故能得實性亦不得成。由能得識無所得
故，所取能取二者所得平等，俱成無所得性。

與此論頌相當的，即是《辨法法性論》中有關四正加行
的教授：

正加行悟入　　當知依四種
謂有得加行　　及無得加行
有得無得行　　無得有得行

世親註釋此頌，亦與他對《辨中邊論》入無相方便一頌
的闡釋相近：

此言「正加行悟入，當知依四種」，初「有得加
行」（upalambha），即謂〔於外境〕有得而唯識〔變
現〕。「無得加行」（anupalambha）者，謂於外境無
得。「有得無得行」（upalabhanulambha）者，謂若外
境無有，內識亦應無得，蓋若無所了別〔之外
境〕，則能了別〔之內識〕亦應無有。「無得有得
行」（nopalambhopalambha）者，謂因二取無〔所〕得
故，則可得〔成立〕無二取。[62]

除此建立外，本論更把三自性統攝世俗諦與勝義諦，且
為二諦各各建立三種：世俗諦之三種，為假名世俗（prajñapti-
saṃvṛtti）[63]、認知世俗（pratipatti-saṃvṛtti）[64]、顯了世俗

---

[62]　《辨法法性論及釋論兩種》，頁294。可比較《辨中邊論》一頌的梵文
　　　原文：upaladhim sa masritya nopalabdhih prajayate / nopaladhim samasritya
　　　nopalabdhih prajayate。

[63]　真諦譯作「立名世俗」；玄奘譯作「假世俗」。

[64]　真諦譯作「取行世俗」；玄奘譯作「行世俗」。

（udbhāva-saṃvṛtti）[65]；勝義諦之三種，為義勝義（artha-paramārtha）、得勝義（prāpti-paramārtha）、正行勝義（prapatti-paramārtha）[66]。此中，可作兩重境、行、果之安立，以顯三自性的觀修次第：

依世親釋解說三種勝義，義勝義為真如、為聖智境，是為「境、行、果」三科中之「境」；正行勝義為聖道、為住義境之最勝行，故為「行」；得勝義為涅槃，為義境之最勝，故為「果」。三者皆於圓成自性中成就。世親釋論言：

> 此三勝義當知，但依三根本中圓成實立。此圓成實總有二種，無為、有為，有差別故。無為，總攝真如涅槃，無變異故，名圓成實；有為，總攝一切聖道，於境無倒故，亦名圓成實。

至於三種世俗，則以假名世俗為「境」、認知世俗為「行」、顯了世俗為「果」。世親釋云：「此三世俗如其次第依三根本真實建立。」是即假名世俗乃依遍計自性建立、認知世俗乃依依他自性建立、顯了世俗乃依圓成自性建立。

$$
世俗諦
\begin{cases}
假名世俗：境（遍計自性）\\
認知世俗：行（依他自性）\\
顯了世俗：果（圓成自性）
\end{cases}
$$

---

[65] 真諦譯作「顯現世俗」；玄奘譯作「顯了世俗」。

[66] 真諦譯此三種勝義為「義」、「正修」、「至得真實」。

勝義諦 ── 義　勝　義：境 ──┐
　　　　 ── 正行勝義：行 ──┼─（圓成自性）
　　　　 ── 得　勝　義：果 ──┘

　　兩重「境、行、果」的建立，亦與《辨法法性論》中「四正加行」與「離相四加行」之兩重建立契合，亦與 āśrayaparāvṛtti 和 āśrayaparivṛtti 兩重「轉依」義相通，讀者合此二論來作研讀，此為應多留意之處。[67]

　　此中兩重境、道、果，世俗的一重，為見道以前凡夫位的轉依；勝義的一重，為見道、修道位菩薩聖者位的究竟轉依。由是概括瑜伽行派整體的修習，涵蓋五道。其間修習，如世親的釋論所云：

> 如是菩薩由已發起大菩提心及勝聖根力所持故（資糧道），斷諸亂倒，起無亂倒（加行道），由見道中無亂倒故（見道）此於修道斷一切障，既斷障已，持諸善根迴向無上正等菩提，由迴向力所任持故，於深廣法便無怖畏；既無怖畏，便於彼法見勝功德，能廣為他宣說開示（修道）。菩薩如是種種功德力所持故，疾證無上正等菩提，於一切法皆得自在（無學道）。

　　由上來所說，便即是對三自性作全盤觀察、彼此有聯繫的觀察。因此，這觀察才可以成立境、道、果。若將三自性分別成立境、道、果，那便是離開觀修而成立的言說而已，唯識今學末流，正犯這種毛病。

----

[67]　參《辨法法性論及釋論兩種》，頁 50-76。

七、本論的結構與論旨

《辨中邊論》的首頌，已標明此論的整體結構。論云：

> 能相及障與真實　　及修習諸能對治
> 與其修習所住位　　得果以及無上乘[68]

此謂本論論體，總分為七義，即：一）能相（lakṣaṇa）；二）障（āvaraṇa）；三）真實（tattva）；四）修習諸能對治（pratipakṣasya bhāvanā）；五）道上所住位（avasthā）；六）得果（phala-prātiś）；七）無上乘（yānānuttaraya）。約境行果而言，能相、障、真實三者，為行者觀行境之抉擇；能對治與所住位，涉及行者的修持與行持；得果為行者的現證果。至於無上乘一品，則總說不共無上乘之境、行、果。是故，本論七義，亦可以見、修、行、果來作歸納。

本論主旨，在於依三自性抉擇行者的識顯現。本論將識生起之似顯現，歸納為四種境事：

> 境有情我了　　識生其變似
> 此境實非有　　境無故識無

依世親及安慧釋，此四種境事，已攝八識之變現 ——「變似境」者，指依第八識變現似二顯現之境界；「變似有情」者，指第八識所緣似所取之自他根身器界；「變似我」

---

[68]　此為談錫永的校譯；玄奘本作：「唯相障真實　及修諸對治　即此修分位得果無上乘」。詳見本書〈《辨中邊論釋》校疏〉。

者，指第七識末那識所執自我；「變似了」者，指前六識之了別功能。所謂識顯現（pratibhāsa）者，依《辨法法性論》而言，即是法所相，而上來所說三種勝義所攝之真如涅槃、住義境之聖道以及果位之聖智境界，即是法性所相[69]。對於圓成自性，本論著重抉擇其為「聖智境界」，復云「**由聖智境義說為勝義性，是最勝智所行義故；由聖法因義說為法界，以一切聖法緣此生故**」，由是知圓成自性不應建立為本體。以此聖智境已決定為非新得，故此亦可抉擇為如來藏境界之現前。

由《辨中邊論》的教授，行者依三自性抉擇識顯現，復由《辨法法性論》的教授，行者抉擇法能相與法性能相，以及轉依所依之無分別智。合此二論，含攝加行道以迄見道的抉擇見，可視為瑜伽行派對轉依的完整教授。由是，本論特別著重抉擇見的建立。

本論開首最為人熟悉的一句偈頌，即首先抉擇何謂中道：

虛妄分別有　　於此二都無
此中唯空性　　於彼亦有此
故說一切法　　非空非非空
有無及有故　　是則為中道

對於此頌，長尾雅人教授曾寫過一篇文章，題為〈空性に於ける「余れるもの」〉（〈空性中之所餘〉）[70]，認為此頌的中道空義，實源自《中阿含經》裡面的《小空經》

---

[69] 由是，談錫永上師比較《辨法法性論》與本論，謂「**此二論前者抉擇『法能相』與『法性能相』，後者抉擇『法所相』與『法性所相』**」。

[70] Gadjin M. Nagao, "What Remains in Śūnyatā: A Yogācāra Interpretation of Emptiness," in Minoru Kiyota, ed., *Mahayana Buddhist Meditation: Theory and Practice* (Honolulu: University of Hawaii Press, 1978): 66-82; reprinted in Leslie S。

（*Culasuññata-sutta*）[71]。經中所說空義，謂如鹿子母堂，「空無馬、象、牛、羊、財物、穀米、奴婢，然有不空，唯比丘眾。」並說此中無者，即見是空；此中有餘者，即見為真實有。筆者不認同長尾教授的說法，因為《小空經》的空義，《楞伽》已說為最劣等之證空，且與本論所說之中道義，亦根本不同。然則，此偈頌是否如長尾雅人的主張，引用一佛家契經以作為本論的根本抉擇見？筆者卻認為答案是肯定的，只是不同意說所引之經為《小空經》。

事實上，彌勒諸論亦經常引用大乘諸經以證成其所論說，此如《寶性論》之廣引《勝鬘》（*Śrīmālādevī*）、《不增不減》（*Anūnatvāpurṇatvanirdeśa*）、《如來藏》（*Tathāgatagarbha*）、《智光莊嚴》（*Jñānalokālaṃkāra*）等諸如來藏經，《辨法法性論》亦引用了《般若》、《入無分別總持》（*Nirvikalpapraveśa-dhāraṇī*）、《大寶積經‧迦葉所問品》（*Kāśyapaparivarta*）等大乘經。本文也於上面提到，本論亦曾引用《二萬五千頌般若》、《楞伽經》；此外其實尚有《解深密經》[72]、《多界經》（*Bahu-dhātuka-sūtra*）[73]、《寶積經》（*Ratnakuta-sūtra*）[74]，以及《瑜伽師地論》的這一段：

> 云何復名善取空者，謂由於此彼無所有，即由彼故正觀為空，復由於此餘實是有，即由餘故如實知有。如是名為悟入空性如實無倒。謂於如前所說一切色等想事，所說色等假說性法，都無所有，是故

[71]　T26: 736-737。

[72]　見本論《辨真實品》頌14釋。玄奘未有將此句譯出。

[73]　見本論《辨真實品》頌19釋。

[74]　見本論《辨無上品》頌23-26。

> 於此色等想事，由彼色等假說性法，說之為空。於
> 此一切色等想事何者為餘，謂即色等假說所依，如
> 是二種皆如實知，謂於此中實有唯事。於唯事中亦
> 有唯假，不於實無起增益執，不於實有起損減執，
> 不增不減不取不捨，如實了知如實真如離言自性，
> 如是名為善取空者，於空法性能以正慧妙善通達。
> 如是隨順證成道理，應知諸法離言自性。[75]

若將此段經文與世親對此頌註釋所用的文句作一比較，當可明
白筆者何以認為此頌所引非為《小空經》，而是此段有關如何
善取空的經文，以之證成本論依三自性的觀修來成立的中道
義。此中說明之善取空，實為觀修次第。以「虛妄分別有」一
頌為例，行者立足於虛妄分別（依他自性）來作觀察，依因緣
生起的種種似顯現，於中由二取名言所生的遍計，正觀其為
空，而虛妄分別本身，如是知有。若能「不於實無起增益執，
不於實有起損減執，不增不減不取不捨」諸離於遍計之「唯
事」（vastumatra，諸似顯現），即能如實悟入離言法性（圓
成自性）。

　　總括來說，依上來所引《瑜伽師地論•真實義品》說離
言自性與假說自性的一段來解說「虛妄分別有」一頌：此中所
說之「中道」，非由邏輯推度而得的概念認知，而是「現證法
相所攝真實性事」之無分別智所行境界；此智境遠離對真實義
之增益（samāropa）為「有」、亦遠離對真實義之減損
（apavada）為「無」，故為「無二」，亦名「無上」。此聖
智所行境界，是離於有無二邊分別而現觀法性勝義自性之境
界、是唯心所自見的境界，故此現觀一切法中道義的境界，是

離於凡夫具分別增損而建立之「有」與「無」後,由無分別智
所照見的「有」,是為「無垢位」之現證。以「一切唯假建
立,非有自性,亦非離彼別有自性」,「是故一切法,非空非
非空」。於「有垢位」為客塵垢障的輪迴界有情,對一切法依
名言二取而起分別,由是「虛妄分別有」;所言「有」者,其
實為「所安立假說自性,即是世間長時所執,亦是世間一切分
別戲論根本」,此中實無能所「二」者、亦無有非有「二」
者,其體性唯是「空性」,而空性中亦許有虛妄分別的生起
──說虛妄分別中唯有空性、於空性中亦有虛妄分別,其實與
《般若》思想中「色即空、空即色」的思想,一脈相承。換一
個角度來理解,此說虛妄分別與空性之關係,其實亦是對於
「假說自性」與「離言自性」關係的抉擇。從證智的次第而
言,此頌非為分別虛妄分別與空性二者,而是決定二者之平等
平等。是如《瑜伽師地論‧真實義品》所言:

> 諸菩薩諸佛世尊入法無我,入已善淨,於一切法離
> 言自性、假說自性,平等平等,無分別智所行境
> 界。如是境界最為第一,真如無上所知邊際,齊此
> 一切正法思擇,皆悉退還不能越度。[76]

　　上來解說《辨中邊論》一頌,結合瑜伽行派諸論義而
發,由瑜伽行古學闡明本論的根本抉擇見,非欲啟諍。事實
上,此說法其實亦不與慈恩宗的傳統說法有所相違,唯彼此重
點不同而已。此根本抉擇貫串全論,即若本論《辨修對治
品》,主要說三十七道品等對治修法,似與此根本抉擇無關,
然彼此實為一味。此如《解深密經》所云:

---

[76]　T1579, 486c。

善現！我已顯示，於一切蘊中，清淨所緣是勝義諦；我已顯示，於一切處緣起、食、諦、界、念住、正斷、神足、根、力、覺支、道支中，清淨所緣是勝義諦。此清淨所緣，於一切蘊中，是一味相，無別異相。如於蘊中如事，於一切處中，乃至一切道支中，是一味相，無別異相。是故，善現！由此道理，當知勝義諦是遍一切一味相。

此一味義，易為讀此論者所忽略，故特地指出：本論七品，初品所言「辨相」者，即抉擇諸相之中道義；第二品所言「辨障」者，即以諸分別邊見為障，若能無分別而見中道者，即離諸障；第三品所言「辨真實」者，以三自性為根本真實而攝其餘九種真實，而三自性相互間之關係，亦無非是此根本抉擇之義；第四品所言「辨修對治」者，所修諸道品，悉與根本抉擇見成一味相，具如上引《解深密經》所說；第五品所言「辨修分位」者，即以能否悟入此根本見而將十八種差別分位歸納成不淨、淨不淨、清淨三分位[77]，而以圓證法報化三身為究竟清淨位；第六品所言「辨得果」者，所得果亦無非是現證此根本見；最後第七品所言「辨無上乘」者，依正行、所緣、修證三種無上，是為無上乘之境、行、果，悉以根本抉擇見為基礎。

本論辨別「中」與「邊」，然則何謂「中」？何謂「邊」？細讀本論，其實未見論主具體立一定義指出何者為「中」、何者為「邊」，以一切定義無非是識境中之概念，若

---

[77] 可比較《寶性論》第一品偈頌：「不淨與染淨　及圓滿清淨　次第相應者　凡夫菩薩佛」。見《寶性論梵本新譯》，頁82。

執實即成遍計自性而落於邊。是故，何謂「中」與「邊」，還待讀論之人深心生起殊勝抉擇而細味。倘能依抉擇觀修而成決定，復依決定而觀修能得現證，那便是對「中」與「邊」的現證。本論主旨，在於幫助瑜伽行者能作出正確的抉擇與決定，所以不由言說而下定義，此義為觀修者所自能知。

正文

談錫永校疏

校例

一 本書以玄奘譯《辯中邊論》為底本。今依梵、藏文改訂
論名為《辨中邊論》。書中之【論】，為玄奘譯的世親
釋論。

二 用以校勘者，為：

1 梵本 *Madhyāntavibhāga-bhāṣya*（Tokyo: Suzuki
Research Foundation, 1964），京都大學長尾雅人
（Gadjn M. Nagao）教授編纂（簡稱「梵本」）。

2 真諦譯《中邊分別論》（簡稱「諦譯」）。

3 藏譯 *dBus dang mtha' rnam par 'byed pa'i 'byed pa'i
'grel pa*（《辨中邊論釋》或《中邊分別論釋》，德
格版 no. 4027，簡稱「藏譯」）。

4 藏譯 *dBus dang mtha' rnam par 'byed pa'i 'grel bshad*
（《辨中邊論疏》，德格版 no. 4032，簡稱「安慧
疏」，若與藏譯同，則唯稱「藏譯」）。

三 本書既以玄奘譯為底本，故世親釋論之真諦譯未全文列
出，唯引用其所譯之根本頌以便對照校勘。

四　　於校勘後，依梵本並參考各譯本，譯出「根本頌」為
　　　【校譯】，長行則不譯。

五　　本書【校記】，僅為校勘所記，未說論義。於【校疏】
　　　中，有時依了義大中觀見作疏釋，並參考「安慧疏」及
　　　不敗尊者（Mi pham rgya mtsho）釋論《辨中邊論釋・光
　　　明鬘》（ *Dbus mtha' rnam gyed 'gyel pa 'od zer phreng ba*,
　　　簡稱「不敗釋」）。

辨相品第一

《辨中邊論釋》校疏

世親論師　造論
談錫永　校疏

論題 [1]

梵本論題：*Madhyāntavibhāgabhāṣya*
藏本譯題：*dBus dang mtha' rnam par 'byed pa'i 'grel pa*
玄奘譯題：《辨中邊論》 [2]
真諦譯題：《中邊分別論》
校訂釋題：《辨中邊論釋》

論主敬禮 [3]

稽首造此論　　善逝體所生
及教我等師　　當勤顯斯義 [4]

【諦譯】

恭敬善行子 [5]　　能造此正論
為我等宣說　　今當顯此義

【校譯】

敬奉善造此論者　　及為我等宣說者
善逝體性之所生　　當勤分別諸義理

【校記】

① 依梵本論題，應直譯為《中邊分別釋》。是即為彌勒菩薩
（Maitreyanātha）*Madyāntavibhāgakārikā*（《中邊分別根本
頌》）之釋論。

真諦及玄奘譯皆不依梵 bhāṣya 譯為「釋」是將彌勒本論依
kārikā 解為「本頌」，而將世親之 bhāṣya（釋論）簡稱為
「論」。

② 依梵本論題，vibhāga 應譯為「分別」或「差別」。玄奘
將此字及其後各品標題之 pariccheda（意為「判定」），
皆譯為「辨」。

奘譯流行已久，今姑從之。故校定論題為《辨中邊論
釋》。突顯其為釋論。

③ 此標題依「安慧疏」之意而加。

④ 奘譯句序有移置。
「造此論」意為「造論者」（praṇetṛ）。

⑤ 真諦譯之「善行子」，即奘譯「善逝體所生」之意譯。

【校疏】

依安慧疏，此頌為論主世親對造《根本頌》的彌勒菩薩，
及對宣說論義的親教師無著論師作敬禮。

此中將彌勒及無著（Asaṅga）稱為「善逝體性之所生」，
即謂其已得住涅槃之體性，即已盡離煩惱障及所知障。

然則論主世親如何「敬奉」。今造此釋論，勤慎分別本論
諸義理，是即「敬奉」之所為。

【論】此中最初安立論體。頌曰 ——

唯相障真實　　及修諸對治
即此修分位　　得果無上乘　1 [6]

【諦譯】

相障及真實　　研習對治道
修住而得果　　無上乘唯爾

【校譯】

**能相及障與真實　　及修習諸能對治
與其修習所住位　　得果以及無上乘**

【論】論曰：此論唯說如是七義：一相 [7]、二障、三真實、四修諸對治、五即此修分位、六得果、七無上乘。

【校記】

[6] 奘譯以此為第1頌。然此頌實總述論體，故不應歸入第一品內。

[7] 此中之相，梵為lakṣaṇa，依瑜伽行派用詞慣例，應譯為「能相」（或「性相」、「義相」）；與之相對者為nimitta，應譯為「所相」（或「表相」、「現相」）（以下玄奘譯之諸「相」字多指所相，此處卻指能相）。
然漢譯已習慣將此二混淆，通譯為「相」。唯有少數例外，如波羅頗蜜多羅譯之《大乘經莊嚴論》（*Mahāyānasūtrālaṃkāra*）卷四，有頌云 ——

　　能相及所相　　如是相差別
　　為攝利眾生　　諸佛開示現

此中「能相」為一定義範限，依此範限而成立之諸法，即為「所相」。如彌勒《辨法法性論》（*Dharmadharmatāvibhaṅga*），即說「法能相」為「虛妄遍計」（abhūtakalpa），故一切落於虛妄遍計而成立的諸法，即為「法所相」。

今論中此處所說實為「能相」，所以才說「虛妄分別有」，如是定義一切法所相依能相而成立為有。

【校疏】

不敗釋說論中七義，環環相扣。

初者，為了別涅槃界與輪迴界，故須說「能相」，用以了別現象與境界。

二者，對一切法能相，須了知其雜染相，以及如何起雜染，故須說「障」。

三者，以除障即能悟入真實，故須說「真實」。

四者，由如何得現證真實，故須說所修「諸能對治」。

五者，為修諸能所對治，須說能對治道上之所住，即道上分位，如地、道等。

六者，說修能對治者之現證果。

七者，說能對治道中，能得佛果者唯「無上大乘」。依《勝鬘經》（*Śrīmālādevī-siṃhanāda-sūtra*），無上大乘為如來藏法門。

辨相品第一 [1]

【論】今於此中先辨其相。頌曰 ——

虛妄分別有[2] 　　於此二都無
此中唯有空[3] 　　於彼亦有此　　2

【諦譯】

虛妄分別有 　　彼處無有二
彼中唯有空 　　於此亦有彼　　1

【校譯】

虛妄遍計有 　　於此二都無
此中唯空性 　　於彼亦有此　　1

【論】論曰:「虛妄分別有」者,謂有所取能取分別[4]。
「於此二都無」者,謂即於此虛妄分別,永無所取能
取二性[5]。「此中唯有空」者,謂虛妄分別中,但有
離所取及能取空性[6]。「於彼亦有此」者,謂即於彼
二空性中,亦但有此虛妄分別。若於此非有,由彼觀
為空,所餘非無,故如實知為有[7]。若如是者,則能
無倒顯示空相[1]。

1　《藏要》為「則能無顛倒顯示空相」。

【校記】

[1] 依梵本標題 lakṣaṇa paricchedaḥ prathamaḥ，應譯為〈判定能相品第一〉。今仍依玄奘譯，下諸品同。

[2] 「虛妄分別有」，梵本為 abhūta-parikalpo 'sti。此中 abhūta 意為非真實，故可譯為「虛妄」；然 parikalpo 'sti（遍計有）中之 parikalpa 為陽性詞，與陰性詞 parikalpita 相對。雖然二者都可譯為「遍計」，唯前者於此意為「能生之遍計〔有〕」，即「由能遍計定義為有」；後者於此意為「由遍計所生起〔之有〕」。所以此處應將之譯為「遍計」較佳。

又由此差別，此處之「虛妄分別有」，應理解為「基於虛妄遍計之有」，而不應理解為「由虛妄遍計所生起之有」。

[3] 梵 śūnyatā 應譯為「空性」較確。

[4] 奘譯「謂有所取能取分別」，於是連上文「虛妄分別有」而讀，即易誤解為：「虛妄分別有所取能取分別」，如是即易誤解論義。此可參考安慧疏，應將全句改譯為：「虛妄遍計有者，謂於所取能取中作遍計」（是故定義為有）。

[5] 「永無所取能取二性」，藏譯為「永無所取能取二實事」。此可參見不敗釋：「似顯現能取所取二者非為實事（dngos-po）」。 梵本雖無「實事」一詞，但於釋論中說及，故藏譯依此增文而譯，較佳。（參 [6]。）

[6] 「但有離所取及能取空性」，依梵 śūnyatā tasyābhūtaparikalpasya grāhya-grāhaka-bhāvena virahitatā，應

譯為「於此虛妄遍計中，離所取能取實事，即為空性」。

[7] 玄奘譯文有省略。應依梵本，譯為「若無此法，即由此〔無〕如實觀為空；若其餘法為有，即由彼〔餘法〕如實知為有」（evaṃ yad yatra nāsti tat tena śūnyam iti yathābhūtaṃ samanupaśyati yat punar atrāvaśiṣṭaṃ bhavati tat sad ihāstīti yathābhūtaṃ prajānātīty aviparītaṃ śūnyatā-lakṣaṇam udbhāvitam bhavati）。此可參見《瑜伽師地論》說「善取空」一段。

【校疏】

本頌所說唯是二事，一者遍計、二者空性。

非真實之遍計認一切法為實事，此遍計則依二取而運作，如是而成顯現（所相），於此，虛妄遍計即為「能相」。

如是，即知人對事物的認知，實基於二取，於否定人的主觀認知時，即可說為「於虛妄遍計中實都無有二取」。

由離能取所取，即可說「虛妄遍計唯有空性」，略言之則如安慧疏所言：「無有二者即是空性」。

然而空性非「無所有性」。不敗釋言：「一切法之顯現（有），實非如分別心之二取顯現而顯現，二取顯現如畫面，雖呈現凹凸高底而無自體性（故說為「空性」），但空性分別心實同時亦為「虛妄遍計有」的心，所以說於空性（彼）中亦有此（虛妄遍計有）。

【論】 復次，頌曰——

　　　故說一切法　　非空非不空[8]
　　　有無及有故　　是則契中道　　3

【諦譯】

　　　故說一切法　　非空非不空
　　　有無及有故　　是名中道義　　2

【校譯】

　　　故說一切法　　非空非非空
　　　有無及有故　　是則為中道　　2

【論】 論曰：一切法者，謂諸有為及無為法。虛妄分別名有為、二取空性名無為[9]。依前理故，說此一切法「非空非不空」。由有空性「虛妄分別」故說「非空」；由無所取能取性，故說「非不空」。

「有故」者，謂有「空性虛妄分別」故；「無故」者，謂無所取能取二性故；及「有故」者，謂虛妄分別中有空性故、及空性中有虛妄分別故。

「是則契中道」者，謂一切法非一向空，亦非一向不空，如是理趣妙契中道，亦善符順《般若》等經，說一切法「非空非有」。

如是已顯虛妄分別有相、無相。

【校記】

[8] 奘及諦釋「非空非不空」，依梵 na śunyaṃ nā pi ca śūyaṃ，譯為「非空非非空」較佳。「非非空」為對「非空」之否定，所以此句可讀為：「非空」非「非空」。（句法結構一如「有非有」）

[9] 依梵本及藏譯，此句應譯為「一切有為法即虛妄遍計，無為法名二取空性」。比較真諦譯「謂有為名虛妄分別、無為名空」，此同藏譯。今奘譯將主名移置。

【校疏】

不敗釋言：於似顯現不淨輪迴法，虛妄遍計之分別心即為其唯一顯現基，故分別心為實有，以輪迴顯現為實有故（此即謂識境中人視識境為實有）。

然而，似顯現之二取相非由二取即可成立其真實相，此僅如畫像之現似凹凸高下，除遍計假立外無自體性，故「二取無有」即說為空性。

於依他之心識中，或說於虛妄遍計之心識中，二取空之空性，即是「法性有」，或圓成有。而於彼空性中，虛妄遍計之心識亦依有法而有，即遍計有。（圓成有與遍計有）二者關係如火與火之熱性，永恆相依而無異離。

如是即說有、無、有三者。

按，依甯瑪派教法，「虛妄遍計有」為現分、「二取空之空性」為空分、二者相攝，是即「現空雙運」。此可以《心經》（*Prajñāpāramitā-hṛdaya*）之「色空四句」為例：「色即是空」，是「虛妄遍計有」中有「二取空之空性」；「空即是色」，是「二取空之空性」中有「虛妄遍計有」；虛妄遍計與二取空之空性無異離（法性有），即「色不異空」；彼空性與虛妄遍計無異離（遍計有），即「空不異色」。

以成立現、空及現空雙運故，是即為中道之義理。此如龍樹（Nāgārjuna）於《法界讚》（*Dharmadhātu stava*）中說言（依拙譯）──

> 以兔角喻牛角喻　　此為如來所現證
> 是故於彼一切法　　除中道外無所有

此即以兔角為空分，牛角為現分，於現空雙運時即離「角想」（角的概念），由是現證中道。此實依《入楞伽經》（*Laṅkāvatāra-sūtra*）而說。

釋論云：「如是已顯虛妄分別有相、無相」，即據此理而言，現分為「有相」（如牛角）、空分為「無相」（如兔角）。」

【論】 此自相[10]今當說。頌曰 ——

識生變似義[11]　有情我及了[12]
此境實非有　　境無故識無　4

【諦譯】

塵根我及識　　本識生似彼
但識有無彼　　彼無故識無　3

【校譯】

境有情我了　　識生其變似
此境實非有　　境無故識無　3

【論】 論曰：變似義者，謂似色等諸境性現；變似有情者，謂似自他身五根性現；變似我者，謂染末那，與我癡等恆相應故；變似了者，謂餘六識了相粗故。[13]

「此境實非有」者，謂似義似根無行相故；似我似了非真現故，皆非實有。「境無故識無」者，謂所取義等四境無，故能取諸識亦非實有。

【校記】

⑩ 「自相」，當作「能相」或「性相」。藏譯作 mtshan nyid，即梵 lakṣaṇa。真諦譯「自體相」，亦不合。以頌中所說變似四事，皆在法能相範圍之內，故此處即說由能相（分別心）變似所相。

⑪ 「變似義」之「義」，梵作 artha，通常皆譯之為「義」，但此字亦有「境」、「塵」義，故真諦即譯之為「塵」。譯為「境」則較通俗。

又，謂「識生變似義」等，不甚合梵本。梵意，說四境事皆由阿賴耶識現行而成似顯現（pratibhāsa）。

⑫ 此中之「了」，即了別、了悟。梵作 vijñapti，奘譯合。諦譯為「識」，乃與梵 vijñāna 混淆。

⑬ 依藏譯，此句僅說「變似了者，謂六識」，未說為「粗」。

【校疏】

本頌說四種境事，二外、二內。變似外境事，如色聲等；變似有情，謂自他根官，緣外境而起用，如耳緣聲等，二者為外。變似我為末那識起現行，於是相應生起四煩惱：我癡、我見、我慢、我愛；變似了者，謂六識能了外境（根官則不能了），是即覺知外境。二者為內。

二外境事，實無而現（故說為「無行相」）；二內境事，無實有現，故皆可說之為無有。

復由外境之無有，推理而說內識亦無有，以內識與外境相依故。凡相依法，一者不成，另一亦不成。如父子之名，若無「子」名，則不得有「父」之名。

本段，略用不敗釋說「相觀待」義。

【論】復次，頌曰 ——

　　虛妄分別性　　由此義得成
　　非實有全無　　許滅解脫故[14]　5

【諦譯】

　　亂識虛妄性　　由此義得成
　　非實有無故　　滅彼故解脫　4

【校譯】

　　彼虛妄遍計　　由是得成立
　　非實有全無　　　　　4（三句）
　　（長行）
　　滅彼許解脫　　　　　4（末句）

【論】論曰：虛妄分別由此義故成非實有，如所現起非真有故[15]。亦非全無，於中少有亂識生故[16]。

如何不許此性全無？以許此滅得解脫故。若異此者，繫縛解脫則應皆無。如是便成撥無雜染及清淨失。

【校記】

⑭ 奘譯移置。依梵，先出三句頌，即出長行（至「如何不許此性全無」句），然後出頌末句（參校譯）。以後類似情形，皆以「長行」標明。

⑮ 依梵本，可譯為「非如其所起似顯現而成為有」。
梵 yasmān na tathā 'sya bhāvo yathā pratibhāsa utpadyate。

⑯ 依藏譯，此處「於中少有亂識生故」，可譯為「於中唯錯亂故」。此即謂「虛妄遍計」為真實錯亂，故非全無。故依梵本，可理解之為「錯亂有」。

附記：論真諦譯

真諦譯此段論，粗看之，完全與世親釋論原文不符，其中頗多增文。此一向為漢土佛學界所詬病。但若細尋脈絡，則知此中增文，實為真諦向筆受者之解說。彼作解說，原意為令筆受者能更精確，不意筆受者摭拾其所說，更不作分別，於是以己意連串成文，以致解說與譯文相混。此處譯文即為一例，可以加以疏理。今引其全文，括號內增語即是解說，如是而讀，即知其實與原文相符。譯云 ——

亂識虛妄性由此義得成者，〔謂一切世間但唯亂識，此亂識云何名虛妄〕由境不實故，由體散亂故（按：此處應言「非如其所起似顯現而成為有故」。此義筆受者難明，故以「散亂」一詞搪塞）。〔非實有者，謂顯現似四物，四物永無故〕。「非實無故」者，謂非一切永無。由亂識生故。云何不許亂識永無？故偈言「滅彼故解脫」（按，由此處翻譯可見其嚴謹，世親釋論原文即引此句偈頌（如何

不許此性全無？「滅彼許解脫」故），玄奘則改譯為長行）。若執永無，繫縛解脫皆不成就。則起邪見，撥淨不淨品。

若將括號中文字視為註文，則知真諦譯之準確。

筆者喋喋而言，期望讀者能對真諦譯重新評價。真諦為瑜伽行古學傳人，於漢土，此宗傳人稀有，故對其譯事應加珍重。

【校疏】

安慧疏，著重說「非實有全無」，以此即為瑜伽行學之中道。

彼言，依上來由識變似之四境事成立虛妄遍計，又言「境無故識無」，是於「無邊」作觀察，但亦可由有邊來作觀察，是即「非實有全無」之觀察。

所謂「實有」，不能依「如其所現而成有」即視為實有，於此須知，境事有「能知」、「所知」二分，所知顯然非實有（如四境事），但能知的心識則不能說為「全無」，譬如清淨心，已離能所，是則既非能知，亦非所知，是則不能說之為無。又如迷亂分別心，亦非全無，以其能生虛妄遍計故。是則聖者與凡夫之心識都不得貿然說之為無。

此處但略引其說，俾知瑜伽行古學之見地。正唯虛妄遍計非全無、離能所之清淨心亦非全無，下來始可成立三自性相（trisvabhāvatā）。

若依說如來藏的了義大中觀見，則可明快觀察如下 ——
虛妄遍計者為識境，而識境實依智境而成隨緣自顯現（由
是智識雙運而成如來藏境界），識境未離智境，故其現相
雖為虛妄遍計，但既未離智境便不能說其唯是識境之性。
故可施設其為：有「無二取」的空性（空性二取），如是
即非全無。

此理或以為過深，但卻是說空之究竟義。

今依瑜伽行派成立三自性相，是即三「隨緣自顯現」的識
境相。

【論】已顯虛妄分別自相，此攝相今當說。但有如是虛妄分別，即能具攝三種自性。頌曰 ——

　　　　唯所執依他　　　及圓成實性
　　　　境故分別故　　　及二空故說[17]　6

【諦譯】

　　　　分別及依他　　　真實唯三性
　　　　由塵與亂識　　　及二無故說　5

【校譯】

　　　　計執與依他　　　以及圓成性
　　　　依境依分別　　　及依二空説　5

【論】論曰：依止虛妄分別境故，說有遍計所執自性；依止虛妄分別性，故說有依他起自性；依止所取能取空，故說有圓成實自性[18]。

【校記】

⑰ 依梵，kalpita，可譯為分別、妄計、計執；paratantra，唯
能譯為依他；pariniṣpanna可譯為圓成、真實、成就。真諦
與玄奘於此各有取義。又，於本頌中，玄奘將 artha 譯為
「境」，不復如前譯為「義」。

⑱ 遍計所執自性（parikalpita-svabhāva），即將 kalpita 解為
「計所執」而譯；依他起自性（paratantra-svabhāva），奘
譯添一「起」字；圓成實自性（pariniṣpanna-svabhāva），
奘譯添一「實」字。增文而譯，可代表譯主的觀點。

【校疏】

不敗尊者對此頌疏釋相當簡明。三自性的成立，是以虛妄
遍計的分別心為基礎。

當分別心緣外境而成迷亂時，即落於二取顯現，由是成立
遍計相，如是顯現，除迷亂分別心外更無餘者。

若依分別心自性，則外境實為依他，依於分別心故。此際
分別心亦依於外境而成分別。

但究竟而言，則能取所取本來不能成立，依此即可見一切
法之圓成。

安慧疏指出，「虛妄遍計」為總相，二自性相則為別相。
總相即謂依二取而成顯現。別相分二，一者，依外境而計
為實有，是即分別相、計執相；二者，依能遍計心識之非
真實，是即依他相。於此二者之外，則為離二心識取之圓
成。此釋與唯識今學有異，但卻符合世親之《三自性判
定》（拙譯，收《四重緣起深般若》附錄）。

【論】已顯虛妄分別攝相，當說即於虛妄分別入無相方便相。頌曰 ——

依識有所得　　境無所得生
依境無所得　　識無所得生[19]　7

【諦譯】

由依唯識故　　境無體義成
以塵無有體　　本識即不生　6

【校譯】

依其有所得　　可成無所得
依其無所得　　亦成無所得　6

【論】論曰：依止唯識有所得，故先有於境無所得生；復依於境無所得，故後有於識[20]無所得生[21]。由是方便，得入所取能取無相。

【校記】

[19] 玄奘於本頌添「識」、「境」二字而譯，以期顯明頌義。（可比對拙「校譯」）。

[20] 勘梵本及藏譯，此應云：「故後有於唯識亦無所得生」。此言無所得者為「唯識」（vijñapti，了別），非「識」（vijñāna）。

[21] 奘譯，於頌及論中之「無所得生」，實皆為「成無所得」。勘梵本即知（梵 nopalabhiḥ prajāyate）。

【校疏】

頌言「**依其有所得**」，指「唯識」有所得，其所得為外境無實有，故成立〔外境〕無所得。

頌言「**依其無所得**」，乃承接上文，謂依外境無所得，「**亦成無所得**」者，謂成就「唯識」亦實無所得。

由本頌義，引申至下頌。

不敗釋立二定義：一者，外境不成（無所得），即成立唯識自性（內識唯分別）；此為同時而成立。

二者，能生起外境無所得之心，由所取外境無所得，可悟入能取之唯識亦無所得（如是即離分別）。此即說二者非為同時。由外境不成、悟內識不成，為二次第。

安慧疏提出一個問題：何以不於最初成立無有唯識？其解答略謂：須先壞所緣境自性始容易悟入，若不然，能取所取互相觀待，則於所緣境易起損減執。通過依止唯識而修無有色等，則可得加行道煖位現前。其後即所謂頂位。復於其後，由所取無餘不可得，隨順能取不可得，名為忍三摩地。此後依於境不可得，修習唯識亦不可得，即說為世第一。

由此可見瑜伽行古學，以唯識為道之理。[2]

安慧復言：此後見道，即於此中由證知法界遍行故，說為悟入初地。

此即已明唯識之範圍，至入初地前為極致。故本論頌，實說加行道上之決定。

2　以「唯識為道」不同「以識為道」，因為這是成立所緣境「唯識」，並非以「識」為所緣境。

【論】復次，頌曰 ——

由識有得性　　亦成無所得[22]
故知二有得　　無得性平等　　8

【諦譯】

是故識成就　　非識為自性
不識及與識　　由是義平等　　7

【校譯】

成就有所得　　實為無所得
（長行）
故知有所得　　無所得平等　　7

【論】論曰：唯識生時現似種種虛妄境，故名有所得。以所
得境無實性，故能得實性亦不得成[23]。由能得識無所
得故，所取能取二有所得平等，俱成無所得性[24]。

【校記】

[22] 梵文原本無「識」字，此亦添字而譯。且「有所得成就」，非專指識，此乃兼內識與外境而說。此猶言：外所取境之有所得、內能取識之有所得，其能成就，實已具無所得性。

[23] 復次，梵本於此半頌後，有長行云 upalabhyārthābhāve upalabdhy-agyogāt（意為「所得境無有，故有能得即不如理」），然後出下半頌。

[24] 此段奘譯可商榷。勘梵本及藏譯，應云：「有所得者，其有所得性不成，故為無所得；無所得性則變似虛妄外境，故為有所得。」（梵 upalabdher upalabdhitvenāsiddhatvād abhūtārtha-pratibhāsatayā tūpalabdhir ity ucyate 'nupalabdhi-svabhāvāpi satī）

【校疏】

本頌由於通指外境與內識，故不具主詞。由是難明。

本頌實接上頌而說。上頌已成立「唯識」之有所得，亦成無所得，依安慧疏，本頌實接言：是即唯識之有所得者，已成為以無所得為自性。是故唯識之有得無得平等。

安慧疏復言：於外境，以唯識之有所得作遣除，或以唯識之無所得作遣除，是否成為相反？於此當知，〔外境〕能顯現為非真實境，是為外境之有所得；然而由虛妄遍計非真實而知其無有，是即外境之無所得，是故亦可說言，其有所得者，已成為以無所得為自性，由是平等，故以唯識之有所得或無所得作遣除，不成相反。

故依安慧，本頌實同時成立唯識與外境之有所得與無所得平等。此為超越唯識之關鍵，故得入無相。

【論】顯入虛妄分別無相方便相已，此差別異門相，今次當說。頌曰——

三界心心所　　是虛妄分別
唯了境名心　　亦別名心所[25]　9

【諦譯】

虛妄總類者　　三界心心法　　8（上）
（長行）

唯塵智名心　　差別名心法　　8（下）

【校譯】

虛妄遍計者　　三界心心所　　8（上）
（長行）
了境者名心　　心所了差別　　8（下）

【論】論曰：虛妄分別差別相者，即是欲界、色、無色界諸心心所[26]。異門相者，唯能了境總相名心、亦了差別名為受等諸心所法[27]。

【校記】

[25] 此句應依真諦，譯作「差別名心所」。今譯易生誤解，連上句，以為「心亦別名心所」。

[26] 此句原在上半頌後，然後出下半頌，奘移置於其後長行。

[27] 「亦了差別」應改譯為「亦了別相如受等」。此乃以心能了「總相」、心所唯能了「別相」。

【校疏】

不敗釋言：於此三界輪廻中，一切雜染誰為作者？唯自虛妄遍計心識，即分別心。然則如何為分別心？其為具二取、且攝三界之一切心心所。言攝三界，即簡別無漏心心所。

心與心所之差別為何？能了知境之總相者名心、唯能了知別相者名心所。

【論】 今次，當說此生起相。頌曰 ——

> 一則名緣識　　第二名受者
> 此中能受用　　分別推心所　　10

【諦譯】

> 第一名緣識　　第二是用識
> 於塵受分別　　引行謂心法　　9

【校譯】

> **第一名緣識　　第二受用主**
> **心所能受用　　分別與引行　　9**

【論】 論曰：緣識者謂藏識，是餘識生緣故。藏識為緣，所生轉識受用主故[28]，名為受者。此諸識中，受能受用；想能分別；思、作意等諸相應行能推諸識。此三助心，故名心所[29]。

【校記】

[28] 今梵本無「受用主」一詞，藏譯、諦譯亦無。此為奘譯據
頌文而意譯。

[29] 梵本無「此三助心，故名心所」句。藏譯、諦譯亦無。

【校疏】

不敗釋簡明，今將不敗釋文略譯如下 ——

〔一者〕·阿賴耶識名為緣識（pratyaya-vijñāna），以其
為餘七識之基故。二者、由阿賴耶識所生之七識，統名之
為受用者（upabhogin），以此七者自性皆為領受對境。

心所〔分三類〕。受，受用苦、樂、捨三者；想，取境差
別相；此外為相應行心所，如思、勝解等，能引發諸識趣
入所緣境。此如心識緣所緣境而動，即安立為思心所；又
或〔心識緣所緣境而〕安住，即三摩地心所。

如是，由受、想、相應行三者所攝一切心法，都名心所。

按，以受、想、相應行三者攝一切心所，唯見於本論，此
與唯識今學之安立不同。《成唯識論》將心所分為：遍
行、別境、善、煩惱、隨煩惱、不定等六位。本論之安立
簡易，其或為便於「辨中邊」者耶。

【論】今次，當說此雜染相。頌曰 ——

覆障及安立　　將導攝圓滿
三分別受用　　引起並連縛　　11
現前苦果故[30]　唯此惱世間[31]
三二七雜染　　由虛妄分別　　12

【諦譯】

覆藏及安立　　將導與攝持
圓滿三分成　　領觸並牽引　　10
執著及現前　　苦故惱世間
三種二種難　　亦七由虛妄　　11

【校譯】

由覆障安立　　由將導攝持
圓滿三分別　　由領觸牽引　　10
由連縛現前　　苦故惱世間
三二七雜染　　　　　　　11（三句）
（長行）
由虛妄遍計　　　　　　11（末句）

【論】論曰：覆障故者，謂由「無明」覆如實理、障真見
故。

安立故者，謂由諸「行」，植本識中業熏習故。

將導故者，謂有取「識」，引諸有情至生處故。

攝故者，謂「名色」，攝有情自體故。

圓滿故者，謂「六內處」（按：六入）令諸有情體具足故[32]。

三分別故者，謂「觸」，能分別根境識，三順三受故。

受用（按：領觸）故者，謂由「受」支，領納順違非二境故。

引起故者，謂由「愛」力，令先業所引後有得起故。

連縛故者，謂「取」，令識緣順欲等，連縛生故。

現前故者，謂由「有」力，令已作業所與後有諸異熟果得現前故。

苦果故者，謂「生」「老死」，性有逼迫，酬前因故。

唯此所說十二有支逼惱世間，令不安隱。

三雜染者，一煩惱雜染，謂無明、愛、取；二業雜染，謂行、有；三生雜染，謂餘支。

二雜染者，一因雜染，謂煩惱業、二果雜染，謂所餘支。

七雜染者，謂七種因。一顛倒因謂無明；二牽引因謂行；三將導因謂識；四攝受因謂名色、六處；五受用因謂觸受；六引起因謂愛、取、有；七厭怖因謂生、老死。

此諸雜染，無不皆由虛妄分別而得生長。

此前總顯虛妄分別有九種相。一有相、二無相、三自相、四攝相、五入無相方便相、六差別相[33]、七異門相、八生起相[34]、九雜染相。

【校記】

[30] 依梵本，各句皆有「因」義，如「因覆障及安立」等，奘
譯則於「苦果」下置「故」字統攝，各句「因」字省。

[31] 依梵本，於此半頌後，有大段長行，然後出餘半頌。奘譯
將此合併，且有增文。此段長行即由「**覆障故者**」至「**遍
惱世間，令不安隱**」一段。

[32] 圓滿、三分別、受用等三支，與今梵本比較，有增文。

[33] 此中第六差別相（prabheda lakṣaṇa），玄奘有時亦譯為
「種類相」（見第22頌後長行）。

[34] 第八生起相（pravṛtti lakṣaṇa），通常譯為「現相」。

【校疏】

本頌依十二有支（十二緣起）說分別心如何流轉，又如何
而成雜染。例如覆障，即由無明障真實義而成，由覆障
故，於是有我與我所生起，由是即有行支，於識中種下輪
廻的種子。以此為例，即知十二有支之關連，前支為緣，
生起後支，有情如是生死流轉。對此，安慧疏有甚為詳盡
的解說，恐煩，今姑不錄。

九種相	頌文（依校譯）
1 有相	虛妄遍計有（1）
2 無相	此中唯空性（1）
3 自相（能相）	境、有情、我、了 識生其變似（3）
4 攝相	計執與依他　以及圓成性（5）
5 入無相方便相	依其有所得　可成無所得 依其無所得　亦成無所得（6） 成就有所得　實為無所得 故知有所得　無所得平等（7）
6 差別相	虛妄遍計者　三界心心所（8）
7 異門相	了境者名心　心所了差別（8）
8 生起相（現相）	第一名緣識　第二受用主（9）
9 雜染相	由覆障安立　由將導攝持 圓滿三分別　由領觸牽引（10） 由連縛現前　苦故惱世間 三二七雜染　由虛妄遍計（11）

【論】如是已顯虛妄分別，今次當說所知空性[35]，頌曰 ——

> 諸相及異門　　義差別成立
> 應知二空性[36]　略說唯由此　　13

【諦譯】

> 體相及眾名　　其義與分別
> 成立理應知　　略解空如是　　12

【校譯】

> **能相及異門　　其義與差別**
> **成立所應知　　即略說空性　　12**

【論】論曰：應知所取能取空性，略說但由此相等五。

【校記】

[35]「所知空性」為誤譯。致誤的原因可能在於誤讀頌文（於
下[36]當說），依梵本，此句應譯為：「顯示虛妄遍計已，
即說如何了知空性」。（梵 evam abhūtaparikalpaṃ
khyāpayitvā yathā śūnyatā vijñeyā tan nirdiśati）

[36] 梵頌第三句 sādhanaṃ cēti viñeyaṃ 如果譯為長行，可譯為
「成立〔上來等之〕所應知。」此即謂於能相、異門、異
門義、異門差別等所應知之成立理。此中 vijñeya 習慣解
為「所知」，由是誤導玄奘，接下梵句連讀，於是誤解為
「所知空性」。

此二句全句梵文為 sādhanāṃ cēti vijñeyaṃ śūnyātāyāḥ
samāsataḥ，如果斷讀為 sādhanāṃ cēti（成立），vijñeyaṃ
śūnyātāyāḥ samāsataḥ，即可將「成立」歸為上句，而譯餘
文為「應知〔二〕空性，略說唯有此」。此即於頌文譯為
「應知〔二〕空性」，而於長行則理解為「所知空性」的
緣故。

【校疏】

安慧疏，於所說五門中之「能相」，定義為「以遮遣實
事、成立無實事為體性」。此即說以「虛妄遍計」為能
相。是故一切由虛妄遍計（二取）而成立之有，皆無實
事，是即空性。

「能相」之外，以其他名相說者，皆為異門。此當勝解其
與「能相」之差別，故當先知其義，然後知成立此異門所
應知之理。安慧於此提出一要點，即：異門說言如是，皆
為顯示「以無實事此自性為空性」之能相，而非顯示事體
之自性。

所以當說「緣生」時，當理解此即說「虛妄遍計」為緣
生。非別別指一事體，謂此是緣生、彼是緣生。

依於此理，四重緣起始得成立。是即由四次第說虛妄遍
計。此如落於心性，與法性相對，是即成立「一切唯心
造」，由是一切外境皆無實事，同時成立「虛妄遍計」之
自性依「一切唯心造」而成空性。此亦即以二取的功能為
「一切唯心造」。

故不敗尊者於本頌言：遠離「業感因」及「苦果」所攝之
輪廻，是即清淨。清淨之自性即為空性，是故應知：以空
性之能相、以空性異門、以異門之義、以異門差別、以對
空性成立有垢無垢之理，如是五門以抉擇空性體相。是即
如上言，依相對緣起理，抉擇能相之空性體相為「一切唯
心造」。

釋迦牟尼

【論】所知空性[37]，其相云何？頌曰 ——

> 無二有無故　　非有亦非無
> 非異亦非一　　是說為空相[38]　14

【諦譯】

> 無二有此無　　是二名空相
> 故非有非無　　不異亦不一　13

【校譯】

> **二無卻有無　　是即空能相**　13上
> （長行）
> **非有亦非無**　　　　　　　13（第三句）
> （長行）
> **非異亦非一**　　　　　　　13（末句）

【論】論曰：無二，謂無所取能取。有無，謂有二取之無。此即顯空無性為性[39]。

故此空相非有非無。云何非有？無二有故。云何非無？有二無故。此顯空相非有非無[40]。

此空與彼虛妄分別非異非一。若異，應成法性異法，便違正理，如苦等性。若一，則應非淨智境亦非共相。此即顯空與妄分別離一異相[41]。

【校記】

[37] 依梵本應譯言：「云何能相所應知」。（梵kathaṃ lakṣaṇaṃ vijñeyaṃ）

[38] 依梵本，此應為頌文第二句。是即「無二」與「有〔此無二之〕無」便為空性之能相，如是定義。下言非有非無、非異非一，非說空能相之定義，唯言其性而已。又，此處奘譯有移置，梵本頌句與長行位次，可參校譯。

[39] 依梵本，此段在半頌之後。

[40] 依梵本，此段在第三句之後。

[41] 依梵本，此段在末句之後。

【校疏】

不敗釋言：無「能所二取之實事」，但有「無二取之實相。」是即空性能相。

於遮遣有二取時，應同時承許無二取空性。如是二取自性無，而二取的空性卻非無有。

虛妄遍計為有法，彼與法性二取空的自性非異非一，此基於非有非無而成立。非有非無者，若虛妄遍計非有，則不能成事；若彼非無，則空性不能成立。法性二取空亦然，若非有，則虛妄遍計有法能成實事，此不應理；非無，則以其能由無二取自性成立故，不得謂之為無。

以虛妄遍計與空性皆非有非無，故可說二者不異不一。若異，則一切法離法性，便無真如相得成；若一，則排除世量為虛妄遍計。

【論】所知空性異門云何[42]。頌曰——

> 略說空異門[43]　謂真如實際
> 無相勝義性　法界等應知　　15

【諦譯】

> 如如及實際　無相與真實
> 法界法身等　略說空眾名　　14

【校譯】

> **如如及實際　無相與勝義**
> **以及彼法界　略說空異門　　14**

【論】論曰：略說空性有此異門[44]。

【校記】

[42] 依梵本，作「云何異門名相應知」。（梵 katham paryāyo vijñeyaḥ）

[43] 依梵本，此為頌文末句，如真諦譯。

[44] 此句梵本及藏譯無，真諦譯亦無。（以下僅言「梵無此句」）。

【校疏】

安慧疏略言：所謂「異門」，即同一事，可以用不同名相表達，故彼此可通釋。如說「空」為「如」，又可說「如」為「空」。

空性異門非只如頌中所言，如更可說為無二（或唯一）、無分別界、法性、無倒真實、無壞真實、無為、涅槃等等。

【論】 云何應知此異門義，頌曰 ——

　　　　由無變無倒　　相滅聖智境[45]
　　　　及諸聖法因　　異門義如次　　16

【諦譯】

　　　　非變異不到　　相滅聖境界
　　　　聖法因及依　　是眾名義次　　15

【校譯】

　　　　無變異無倒　　滅盡及聖境
　　　　以及聖法因　　依次異門義　　15

【論】 論曰：即此中說所知空性[46]，由無變義說為真如[47]，真
　　　性常如，無轉易故；由無倒義說為實際，非諸顛倒依
　　　緣事故；由相滅義說為無相，此中永絕一切相故；由
　　　聖智境義說為勝義性，是最勝智所行義故[48]；由聖法
　　　因義說為法界，以一切聖法緣此生故，此中界者即是
　　　「因」義。無我等義如理應知[49]。

【校記】

[45] 梵nirodha，意為「滅盡」，「相滅」乃增文。又梵ārya gocara，意為「聖境」。「聖智境」亦是增文。

[46] 梵本無此句，奘譯增文。

[47] 藏譯云：「言如性者，常如是故」。「**真**」為添字。

[48] 「所行義」應譯為「所行境」較通俗。參下安慧疏。

[49] 梵本無此句，奘譯增文。

【校疏】

安慧疏釋義較詳，彼言——

此中由「無變」說如如者，即無有變異之義，說為恆常，即恆常為「無為」。

由「無倒」說實際者，「實」即是諦實而無錯誤；「際」即是「邊際」，謂「無際」，若更無其他所知，即是實際。云何說真如為所知之實際？以真如為淨除所知障之智所行境故，無有顛倒。

言「無相」，是無有「所相」。一切有為無為所相皆具空性，由空故說無有所相。

言聖者所行境，即說為「勝義」，「勝」者，謂出間智慧。此之義，是為勝義。

言「法界」者，「法」謂聖者之諸法。如實現證、如實解脫。此等之因即是「界」。

【論】云何應知空性差別⁵⁰，頌曰——

　　此雜染清淨　　由有垢無垢
　　如水界全空⁵¹³　淨故許為淨　　17

【諦譯】

　　亦染亦清淨　　如是空分別　　16上
　　（長行）
　　水界金空靜　　法界淨如是　　16下

【校譯】

　　或染或清淨　　　　　　16首句
　　（長行）
　　有垢或無垢　　　　　　16次句
　　（長行）
　　如水金虛空　　**淨故許為淨**　16下

【論】論曰⁵²：空性差別略有二種：一雜染，二清淨。此成染淨由分位別，謂有垢位說為雜染、出離垢時說為清淨。雖先雜染後成清淨，而非轉變成無常失。如水界等出離客塵，空淨亦然，非性轉變。

3　《藏要》為「如水界金空」。

【校記】

[50] 安慧疏本此句與今梵本異，譯言：「空性唯一，不應有空性差別，然則云何有差別？」奘譯則同今梵本。

[51] 「如水界全空」，誤刊。應校正為「如水界金空」。

[52] 玄奘譯之頌句排列及長行排列，與梵本不同。長行文字更多不同。今依梵本，參考安慧疏本譯，改譯如下，以便對照（梵文過長，不引錄）——

空性唯一，不應有空性差別，云何說為差別？答言：

　　　　　或染或清淨（頌首句）

空性具此兩種差別。然則，何時為遍計（雜染）、何時為空性（清淨）？答言：

　　　　　有垢或無垢（頌次句）

此成染淨由分位差別，謂有垢位說為雜染、出離垢時說為清淨。

若雜染可轉變為清淨，或清淨轉變為雜染，即具可變異性，是即不能離於常邊，云何不成無常過？

實如是無過，此因——

　　　　　如水金虛空　　淨故許為淨（頌下半）

此所離者僅為客塵，自性則無變異。

【校疏】

此即說如來藏。

如來藏為佛內自證智境上有識境隨緣自顯現，由是成智識雙運境。於中識境雖為雜染相，但從未與清淨智境異離；智境上雖有雜染識境，然而僅如客塵，從未變異而受其污染，以此為常。

由此可說空性有二種差別，即具有輪廻雜染之有垢真如，與出離雜染之無垢真如。有垢真如即是一切有情所具之佛性（如來藏）。

此佛性之體性恆常清淨，成佛只是佛性顯露，所以成佛並非新得；成佛證覺，此覺性亦非新得，只是離垢障。

或言，有垢真如既有垢障，則體性已受雜染，如何能轉變為離垢真如？

答言：此如水、金、虛空，所受雜染只是客塵，體性本淨，故離垢障即現證無垢真如。

水、金、虛空為瑜伽行派常用之喻。此中又有差別。水受沙泥混雜，故喻為受雜染最甚；金只表面受蒙垢，喻受雜染最淺；虛空則根本未受雜染，如空際雖有雲霞，然實未附著於虛空。此三喻，水喻凡夫之雜染；金喻菩薩之雜染；虛空喻佛清淨（離雜染）。

彌勒菩薩

【論】 此空差別復有十六。謂〔一〕內空、〔二〕外空、
〔三〕內外空、〔四〕大空、〔五〕空空、〔六〕勝
義空、〔七〕有為空、〔八〕無為空、〔九〕畢竟
空、〔十〕無際空、〔十一〕無散空、〔十二〕本性
空、〔十三〕相空、〔十四〕一切法空、〔十五〕無
性空、〔十六〕無性自性空。

此等略義云何應知？頌曰 ——

能食及所食	此依身所住	
能見此如理	所求二淨空[53]	18
為常益有情	為不捨生死	
為善無窮盡	故觀此為空	19
為種性清淨	為得諸相好	
為淨諸佛法	故菩薩觀空	20

【諦譯】

食者所食空	身及依處空
能見及如理	所求至得空

（餘三頌缺）

【校譯】

能食及所食	此身與所住	
能見於此者	以及得如理	17
（長行）		
為能得二善		18首句
（長行）		
常利益有情		18次句
（長行）		

不捨棄生死	18第三句
（長行）	
恆護善散捨	18末句
（長行）	
為種姓清淨	19首句
（長行）	
為得相形好	19次句
（長行）	
為淨諸佛法　　為菩薩成熟	19末句

【論】 論曰：能食空者，依內處說即是內空。所食空者，依
外處說即是外空。此依身者，謂能所食所依止身，此
身空故名內外空。諸器世間說為所住，此相寬廣故名
為大，所住空故名為大空。能見此者，謂智能見內處
等空，空智空故說名空空[54]。如理者，謂勝義，即如
實行，所觀真理此即空故名勝義空。菩薩修行為得二
淨[55]，即諸有為無為善法，此二空故名有為空及無為
空。為於有情常作饒益，而觀空故名畢竟空。生死長
遠無初後際，觀此空故名無際空。不觀為空便速厭
捨，為不厭捨此生死故，觀此無際生死為空。為所修
善至無餘依般涅槃位，亦無散捨而觀空故名無散空。
諸聖種姓[56]自體本有，非習所成，說名本性，菩薩為
此速得清淨而觀空，故名本性空。菩薩為得大士相好
而觀空，故名為相空。菩薩為令力無畏等一切佛法皆
得清淨而觀此空，故名一切法空[57]。

【校記】

[53]「二淨」應作「二善」，下同。梵本此句屬下第18頌。

[54] 依梵本，應云：「此內處等〔四種空〕云何得見其為空？此由空性智得見。然而此智自空，故空智之空名為空空。」

[55] 依梵本，應云：「菩薩修行所證，亦是空故。然則其行為何？是得二善。二善即諸有為無為善法，是即第七有為空、第八無為空。」

[56] 依梵本，應云：「種姓法爾，故由修習而得清淨者，僅得片空，〔自性住種姓空〕是即第十二空。」此較玄奘譯為簡，可能玄奘所據梵本不同。

由此空，知瑜伽行實以如來藏為果。以其說佛種姓，且說「習所成性」為片空，即如來藏義。

[57] 此大段長行，依梵本，分段置於頌句之後。如第18頌，每句下分置長行釋義。如於「所求二淨空」（奘譯，校譯為「為能得二善」）句下云：「善法，謂有為法與無為法」，於其下「為常益有情」（奘譯）句下，云「義為於有情常作饒益」。如是等等，隨文易知，不復作校記。（參校譯）

【校疏】

不敗尊者釋十六空，所說與瑜伽行派不盡相同。彼略言——

一者，能食（能受用）之內六處（如眼等）自性本不成立，名內空。

二者，所食（所受用）之外六處（如色等）自性本不成立，名外空。

三者，於內外法之所依，如身，施設空性，名內外空。

四者，十方所攝一切處，即諸廣大器世間之自性為空性，名為大空。

五者，能見內外情器世間所攝一切法本住於空性，此能見空性之智亦本不成立，名為空空。

六者，以智見空性即見一切法實相，以無欺故，是名勝義，此勝義亦空，名勝義空。

七、八者，云何修習空性。此為獲得有為法與無為涅槃果功德而修，二者亦自性空，是即有為空與無為空。此為略說。〔若廣說則言：〕有為法與無為法空，此二者是為獲得此生之「有為法道」與「無為法涅槃果」二種善根而清淨修，若對此二善根取相起執，則善根不清淨，倘能了知彼等自性本空而作修持，則二善根當能得清淨。

九者，超越輪廻之大涅槃亦自性空，名為畢竟空。此乃為恆常利益諸有情而修，故〔菩薩〕於無住大涅槃之前際後際，以至如空有情未盡，恆時利益一切有情。若執著於涅槃，則清淨不現前，若無所執而修，則可成辦利益有情事業。

十者，無際（無前際與後際）是謂輪廻，無自性故空，名為無際空。

十一者，觀修輪廻空性即為不捨輪廻故。此因若不了知輪廻無自性，則當見輪廻過失後即將捨棄〔輪廻〕。於無餘依涅槃中，一切善根無盡，稱為無散捨，其自性空，名為無散空。

十二者，自性住種姓稱為本性，其空即名為本性空。

十三者，佛之三十二相八十隨形好稱為相，相與空性稱為相空。

十四者，佛功德法如力、無畏、不共等，此處稱之為「一切法」，由其自性空故，名「一切法空」。

世親論師

【論】是十四空隨別安立，此中何者說名為空？頌曰 ——

補特伽羅法　　實性俱非有
此無性有性　　故別立二空　　21

【諦譯】

人法二皆無　　此中名為空
彼無非是無　　此中有別空　　20

【校譯】

數取趣與法　　無性為空性
此無性有性　　立為餘二空　　20

【論】論曰：補特伽羅及法，實性俱非有，故名無性空。此無性空非無自性。空以無性為自性，故名無性自性空[58]。於前所說能食空等。

為顯空相，別立二空。此為遮止補特伽羅法增益執，空損減執，如其次第立後二空。

【校記】

[58] 依梵本意，此應云：「數取趣（補特迦羅）及法，無真實自性，故說為空性，名無性空。復次，決定此無自性為有之無自性性，亦說為空，故名無性自性空。」

此段梵文夾雜而說，故攝其要義如上。

【校疏】

不敗釋意云：前說十四空可攝於此二空之內。即是人我與法我皆無自性，稱為無性空。如是撥為破二我所作之遮遣。

然若承許二我以無自性為性，即承許其無自性為實有，是亦應遮遣，故立無性自性空。

此中無性空遮除對二空作增益（增益為實自性），無性自性空遮除對空性之減損（未遮遣以無性為自性）。

【論】如是已顯空性差別。此成立義云何應知。頌曰 ——

　　此若無雜染　　一切應自脫[59]
　　此若無清淨　　功用應無果　　22

【諦譯】

　　若言不淨者　　眾生無解脫
　　若言無垢者　　功用無所施　　21

【校譯】

　　此若無雜染　　有身都解脫
　　此若無清淨　　功用成無果　　21

【論】論曰：若諸法空未生對治無客雜染者[4]，一切有情不由功用，應自然解脫[60]。若對治已生亦不清淨，則應求解脫勤勞無果。

4　《藏要》為「對治無容雜染者」。

【校記】

[59] 「一切」為省文。梵 sarvva-dehinaḥ，意為「一切有身」
（一切具肉身者）。

[60] 依梵本應云：「若對治未生，而諸法以空性故，不因客塵
而成雜染，則一切有情應自然解脫。」（梵 yadi
dharmmāṇāṃ śūnyatā āgantukair upakleśair anutpanne 'pi
pratipakṣe na saṃkliṣṭā bhavet saṃkleśābhāvād ayatnata eva
muktāḥ sarvva-satvā bhaveyuḥ）

【校疏】

不敗釋略言：空性自性，雖無淨染（前頌已安立為無性空
與無性自性空），然於有情現相則可安立雜染（有垢）與
清淨（離垢），是即雜染相與清淨相。前者即阿賴耶，後
者即如來藏。

客塵未淨，道中未生對治，若即說客塵無自性空，是即無
雜染，則一切有身不須觀修都得解脫。

若於修對治後，不能建立客塵為空性，即不能建立清淨，
則應成修道亦無果可得。

按，本頌實為不依觀修而唯依推理者說，彼等一聞無性
空、無性自性空，即謂雜染與清淨都無實有空。如是即壞
觀修。

【論】既爾。頌曰 ——

> 非染非不染　　非淨非不淨
> 心性本淨故　　由客塵所染[61] 23

【諦譯】

> 不染非不染　　非淨非不淨
> 心本清淨故　　煩惱客塵故　22

【校譯】

> **非染非非染　　非淨非非淨**　22上
> （長行）
> **心本光淨故**　　　　　　　　22第三句
> （長行）
> **煩惱客塵染**　　　　　　　　22末句

【論】論曰：云何非染非不染[5]，以心性本淨故。云何非淨非不淨[6]，由客塵所染故。是名成立空差別義[62]。

此前空義總有二種，謂相、安立。相復有二，謂無及有。空性有相，離有離無、離異離一以為其相應知。安立即異門等。[63]

【校記】

[61] 藏譯及安慧疏僅得半頌，無此二句，若依梵本，則此二句
與長行混雜，故藏譯將之亦作為長行。

[62] 此譯誤。云何二句照引頌文，乃隨手之故，依梵本及藏
譯，並依奘譯用詞，應改譯為 ——

> 云何非染非不淨，以心性本光淨故；云何非淨非非
> 染，由客塵所染故。如是略說空差別相。

此四句頌，依梵本，實混入長行之內，其情形如下 ——

> **na kilṣṭā nāpi vākliṣṭā śuddhā 'śuddha na cāive sā /**
> kathaṃ na kliṣṭa nāpi cāśuddhā / prakṣtyāiva /
> **prabhāsvaratvāc cittasya /**
> kathaṃ nākliṣṭa na śuddha /
> **kleśasyāgantukatvataḥ //**

若對譯，可譯如下（括號內為長行）

> 非染非非染　非淨非非淨
> （云何非染非非淨，心性本淨故）
> 心本光淨故
> （云何非非染非淨）
> 煩惱客塵染

[63] 依梵本此下尚有一段釋論，奘譯缺，參下「校疏」。

【校疏】

不敗釋十分簡明，只說：「真如體性以自性光明故，故自實相而言，非雜染相，但自現相而言，以有客塵障染故，亦非不成雜染。是故對於法界，不能一向說為淨不淨。」

此即說如來藏。

如來藏相為「心本光淨，客塵所染」，此一向無異說，釋迦於說小乘法時，即有此教法，後來為大眾部（Mahāsāṃghika）所宗。

於二轉法輪時，釋迦亦言（《小品般若》卷一）——

> 是心非心，心相本淨故。

龍樹繼承「心淨」的教法，於《法界讚》有頌言（依拙譯，見《四重緣起深般若》）——

> 此如心性淨光明　　蒙受貪等諸垢染
> 本覺智火燒煩惱　　淨光明卻非所燒

由於心性本來光明清淨，所以本覺智亦是法爾，只是受煩惱所纏而不起用。因此龍樹又說——

> 煩惱所纏本覺智　　於一身中同得見
> 瑜伽行者唯取智　　而留無明於其外

此即例如印度的鸛鳥，於飲乳時，但飲其酥而遺留水於其外。

這些義理，已是三轉法輪時所說如來藏的義理。如來藏的如來法身與法身功德雙運。此中如來法身為佛內自證智境，不能為識境中有情所見，然而智境上卻依如來法身功

德，可以隨緣自顯現為識境，是即成為智識雙運的如來藏相。

由於一切有情的心識都有如來藏，是即眾生都有佛性，由是即可說為「心本光淨，客塵所染」，其法爾光淨，即是如來法身；其客塵所染，即是障染本淨心的隨煩惱，名煩惱纏。本論此二頌，說的即是這層意趣。

論中所言：「云何非染非非淨，以心性本光淨故」，說的即是一切有情都具有的如來法身（智境）；又言：「云何非淨非非染，由客塵所染故」，說的即是於智境上隨緣自顯現的識境。前者可名為空性、空相，後者即名為現相、遍計相。

所以世親於釋論末段，說由「相」及「安立」施設空義。此中「安立」即法異門；此中說「相」，今將此段釋論依梵本重譯如下，俾了知其義 ——

總說空義，可說為二種。一義理、二安立。義理有二，一無相（按，即離二取之「空性二取相」）、一有相（按，即虛妄分別二取相）。

此有相又可分：一、空性非有非無相，二、空性與虛妄遍計非異非一相。（按，可參奘譯第14頌）。

安立者，即空義由異門諸名相表達。具差別而承許空義。

復由顯示四者：一能相；二果體性相（按，即業相，果以業為性）；三雜染相；四種類相（差別相），依次第作用於四過失，謂分別、怖、懈怠、疑。（此段奘譯缺）

（梵 tatra śūnyatāyāḥ piṇḍārthaḥ / lakṣaṇato vyavasthānataś ca

veditavyaḥ tatra lakṣaṇato 'bhāva-lakṣaṇato bhāva-lak̲l̲aṇataś ca /
bhāva-lakṣaṇaṃ punar bhāvābhāva-vinirmukta-lakṣaṇataś ca /
tatvānyatva-vinirmukta-lakṣaṇataś ca / vyavasthānaṃ punaḥ
paryāyādi-vyavasthānato veditavyaṃ / tatrāitayā catuḥprakāra-
deṣanayā śūnyatāyāḥ svalakṣaṇaṃ / karmma-lakṣaṇaṃ / saṃkleśa-
vyavadāna-lakṣaṇaṃ / yukti-lakṣaṇaṃ cōdbhāvitaṃ bhavati
vikalpa-trāsa-kauśīdya-vicikitsōpaśāntaye）

奘譯所缺的一段，非說空義，實為「相」之總義，以此總
結本品。

《辨中邊論釋》第一〈辨相品〉竟

辨障品第二

辨障品第二

【論】已辯其相。障今當說[1]。頌曰 ——

具分及一分　　增盛與平等
於生死取捨　　說障二種性[2]　1

【諦譯】

遍及一方重　　平等及取捨
今說二種障　　　　　1

【校譯】

遍分與增上　　等分及取捨
二種障當說　　　　　1

【論】論曰：具分障者，謂煩惱障及所知障，於諸菩薩種性
法中具為障故；一分障者，謂煩惱障，障聲聞等種性
法故；增盛障者，謂即彼貪等行[3]；平等障者，謂即
彼等分行；取捨生死，能障菩薩種性所得無住涅槃，
名於生死有取捨障。

如是五障，隨其所應，說障菩薩及聲聞等二種種性。

【校記】

[1] 依梵本，僅云：「依障而言」（梵 āvaraṇam
adhikṛtyāha），如是引出頌文。

2 依梵本，本頌第四句說有九種煩惱，屬於下頌，故此處僅得三句，如真諦譯。奘譯增文（增為「**二種姓**」）補足第四句以湊成一頌，是即可將原第四句歸入下頌。

3 「**增盛障者，謂即彼貪等行**」句，乃依梵本直譯。藏譯不同今梵本，譯云：「即〔前述〕此等障，成貪等諸行以為障」。

【校疏】

此由煩惱障、所知障二種，分別為五門。

菩薩種姓之煩惱障與所知障為「遍」（奘譯「**具分**」），以其障菩薩種姓自利利他法故，為一切菩薩種姓所遍具。

聲聞及緣覺種姓之煩惱障為「分」（奘譯「**一分**」），以其僅障自利法故。

增上（奘譯「**增盛**」）者，謂由煩惱、所知二種障，增上而成別別煩惱等行，如貪行。

等分（奘譯「**平等**」）者，謂所相（境）與能相（如二種障）二者如其分而相應。

取捨者，謂菩薩於生死作取捨（取輪廻或捨輪廻），故障其入無住大涅槃。

此五門障，分成三對：遍與分；增上與等分；取與捨。若由此亦可說為六門障。

遍障與分障，依行者根器說；增上與等分，依行者習氣說，如障於貪行等；取與捨，依行者悲心說。

【論】復次，頌曰 ——

> 九種煩惱相　　謂愛等九結
> 初二障厭捨　　餘七障真見[4]　2
> 謂能障身見　　彼事滅道寶
> 利養恭敬等　　遠離遍知故[5]　3

【諦譯】

> 九結名惑障　　厭離及除捨
> 實見　　　　　及身見　　2（三句）
> 身見所依法　　滅道三寶障
> 利養恭敬等　　輕財知止足　3

【校譯】

> **九種煩惱相　　諸結使為障**
> **除厭捨實見　　及身見所依　2**
> **謂滅道三寶　　利養恭敬等**
> **及遠離遍知　　　　3（三句）**

【論】論曰：煩惱障相略有九種，謂愛等九種結。

愛結障「厭」。由此於順境不能厭離故。

恚結障「捨」，由此於違境不能棄捨故。

餘七結障真見，於七遍知如次障故 —— 1）謂慢結能障偽身見遍知，修現觀時，有間無間我慢現起，由此勢力，彼不斷故；2）無明結能障身見事遍知，由此不知諸取蘊故；3）見結能障滅諦遍知，由薩迦耶及邊執

見怖畏滅故、由邪見謗滅故；4）取結能障道諦遍知，取餘法為淨故；5）疑結能障三寶遍知，由此不信受三寶功德故；6）嫉結能障利養恭敬等遍知，由此不見彼過失故；7）慳結能障遠離遍知，由此貪著資生具故。

【校記】

[4] 梵本無「初二」、「餘七」，此為增文，依下來釋論加入。

[5] 原頌只三句，（下頌首句即本頌第四句）。

【校疏】

九結，謂1）愛、2）恚、3）慢、4）無明、5）見、6）取、7）疑、8）嫉、9）慳。如是九種煩惱相是為九結。結（saṃyojana）即繫縛，令有情不得離輪廻。

此中第5之見，分為身見、邊見、邪見。

此中第6之取，分見取見、禁戒取見。

遍知（parijñā），分智遍知與斷遍知。即謂以智為因，得斷除煩惱為果，此因果即為「遍知」。故通指除煩惱的機理。故論中言「利養遍知」，即謂「斷利養而離煩惱」；但當說「滅諦遍知」時，卻謂「由滅諦斷煩惱」。前者由果說，後者由因說。二者不可混淆。

第2頌說，九結能成四障：1）障厭〔離〕、2）障捨〔棄〕、3）障實見、4）障身見所依。

此中「身見」亦須一說。梵satkāya-dṛṣṭi，可譯為「偽身見」，亦可譯為「身見」。欲顯明身非實有，故稱「偽身」，但若以為身本來非有，則稱為「身」已足，則不更加「偽」字。玄奘於頌中用「身見」，於論中則說「偽身見遍知」，其原因即在於此。

頌言「身見所依」，即謂能除身見之偽等諸法，本論說為滅諦、道諦、三寶、利養遍知、恭敬遍知，遠離遍知等。

能明上來所述，釋論所言即隨文易知。

【論】 復有別障能障善等十種淨法，其相云何[6]？頌曰 ——

無加行非處	不如理不生	
不起正思惟	資糧未圓滿	4
闕種性善友	心極疲厭性	
及闕於正行	鄙惡者同居	5
倒粗重三餘	般若未成熟	
及本性粗重	懈怠放逸性	6
著有著資財	及心性下劣	
不信無勝解	如言而思義	7
輕法重名利	於有情無悲	
匱聞及少聞	不修治妙定	8

【諦譯】

不行非處所	所行不如理	
不生不思量	資糧不具足	4
性友不相稱	心疲故厭離	
修行不相稱	惡怨人共住	5
麤惑三隨一	般若不成就	
自性重煩惱	懈怠與放逸	6
著有及欲塵	下劣心亦爾	
不信無願樂	如言思量義	7
不敬法重利	於眾生無悲	
聞災及少聞	三昧資糧減	8

【校譯】

別有障善等十淨　　　　　　　　　3（末句）
（長行）
無加行非處加行
非理不生善正思　　　以及資糧未圓滿　　4（三句）
缺種姓及缺善友　　　心具至極疲厭性
於修正行不相稱　　　及與鄙惡者共住　　5
倒粗重及三隨一　　　及於般若未成熟
以及本性粗重者　　　懈惰性與放逸性　　6
貪著諸有貪受用　　　以及心性下劣者
不信於法無勝解　　　如言而思法義者　　7
輕於正法重名利　　　於諸有情無悲心
聖法無聞或少聞　　　不修治勝三摩地　　8

【論】論曰：如是名為善等法障。所障善等，其相云何[7]？
頌曰 ——

善菩提攝受　　　有慧無亂障
迴向不怖慳[8]　　自在名善等　　9

【諦譯】

善菩提攝取　　　有智無迷障
迴向不怖嫉　　　自在善等十　　9

【校譯】

善與菩提及攝受　　　具慧無亂與無障
迴向不怖無嫉妬　　　以及自在名善法　　9

【論】 論曰：如是善等十種淨法。誰有前說幾種障耶[9]？頌曰——

　　　如是善等十　　　各有前三障　　　10上

【諦譯】

　　　此十各三障　　　十事中應知　　　10上

【校譯】

　　　應知彼等法　　　別別具三障　　　10上

【論】 論曰：善有三障：一無加行、二非處加行、三不如理加行。

　　　菩提有三障：一不生善法、二不起正思惟、三資糧未圓滿。

　　　發菩提心名為攝受，此有三障：一闕種性、二闕善友、三心極疲厭性。

　　　有慧者，謂菩薩於了此性有三種障：一闕正行、二鄙者共住、三惡者共住。

　　　此中鄙者，謂愚癡類樂毀壞他名為惡者。

　　　無亂有三障：一顛倒粗重、二煩惱等三障中隨一有餘性、三能成熟解脫慧未成熟。

　　　性障斷滅名無障，此有三障：一俱生粗重、二懈怠性、三放逸性。

迴向有三障，令心向餘不向無上正等菩提：一貪著諸
有、二貪著資財、三心下劣性。

不怖有三障：一不信重補特伽羅、二於法無勝解、三
如言而思義。

不慳有三障：一不尊重正法、二尊重名譽利養恭敬、
三於諸有情心無悲愍。

自在有三障令不得自在：一匱聞生長能感匱法業故、
二少聞、三不修治勝三摩地。

復次，如是諸障於善等十，隨餘義中有十能作[10]。即
依彼義應知此名。

十能作者：一生起能作，如眼等於眼識等；二安住能
作，如四食於有情；三任持能作，謂能任持如器世間
於有情世間；四照了能作，如光明於諸色；五變壞能
作，如火等於所熟等；六分離能作，如鎌等於所斷
等；七轉變能作，如金師等轉變金等成鐶釧等；八信
解能作，如煙等於火等；九顯了能作[11]，如因於宗；
十至得能作，如聖道等於涅槃等。

依如是義，故說頌言 ——

能作有十種　　謂生住持照
變分離轉變　　信解顯至得
如識因食地　　燈火鎌工巧
煙因聖道等　　於識等所作

於善等障應知亦然。

一生起障，謂於其善，以諸善法應生起故。

二安住障，謂於菩提以大菩提不可動故。

三任持障，謂於攝受以菩提心能任持故。

四照了障，謂於有慧以有慧性應照了故。

五變壞障，謂於無亂轉滅迷亂名變壞故。

六分離障，謂於無障此於障離繫故。

七轉變障，謂於迴向以菩提心轉變相故。

八信解障，謂於不怖無信解者有怖畏故。

九現了障[1]，謂於不慳於法無慳者，為他顯了故。

十至得障，謂於自在此是能得自在相故。

所障十法次第義者，謂有欲證無上菩提，於勝善根先應生起；勝善根力所任持故，必得安住無上菩提；為令善根得增長故，次應發起大菩提心；此菩提心與菩薩性為所依止，如是菩薩由已發起大菩提心及勝善根力所持故；斷諸亂倒起無亂倒，由見道中無亂倒故；次於修道斷一切障，既斷障已持諸善根迴向無上正等菩提；由迴向力所任持故，於深廣法便無怖畏；既無怖畏，便於彼法見勝功德；能廣為他宣說開示。

菩薩如是種種功德力所持故，疾證無上正等菩提，於一切法皆得自在，是名善等十義次第。

雖善等法即是覺分波羅蜜多諸地功德，而總別異。

【校記】

[6] 依梵，此處格式如下 ——

別有障善等十淨（原為頌3末句）

【論】復有別障能障善等十種淨法，其相云何？

按，今玄奘譯，將此句頌略去，唯譯長行。

又按，此句頌文為校者意譯，依梵本，應譯為：「別障十善者」（梵śubhādau daśadhā 'param），今添文譯為「善等十淨」，隨順玄奘所譯釋論故。

[7] 依梵本及藏譯，應云：「如是諸障，障何善法」（梵etad āvaraṇaṃ / ke śubhādayaḥ），如是接說十善法之頌文（第9頌）。

[8] 梵 amātsaritva，應譯為「無嫉妬」。真諦譯「不嫉」，合。玄奘譯為「慳」，可商榷。

[9] 依梵，eṣāṃ śubhādināṃ kasya katy āvaraṇāni jñeyānity āha，可譯為：「善等諸法，能障所障應知。」真諦譯云：「如是善等諸法中，何者被障，何者為障，應知。」與梵本合。玄奘此處意譯。

[10] 梵kāraṇa，奘譯「能作」，諦譯「因」。譯為「作因」或「能作因」較佳。

[11] 梵 saṃpratyāyana-kāraṇa，奘譯「顯了能作」；諦譯為「令信因」。如依梵直譯，應為「令信能作因」，或「生信能作因」。以字根 saṃ-pratyaya，意為「信受」故。

【校疏】

上來九種煩惱成四種障，是為障之根本。今說能障十種淨法之「別障」。行者觀修即期能生淨法，故此別障實為觀修者說，俾其能於觀修時抉擇。

此處所說，實分四科：一者能障（三十別障）、二者所障（十淨法）、三者能作因、四者能作因喻。

一能障者，分十類，每類三別障，障一善法。故共三十別障。

二所障者，即十淨法，每一淨法有三別障。

三能作因者，說別障能障淨法之理，立十能作因。

四能作因喻者，以喻明能作因。

今且於此分別表列如下 ——

第一表　能障與所障		
所障	**能障**	
一　善	一甲　無加行 一乙　非處加行 一丙　不如理加行	
二　菩提	二甲　不生善法 二乙　不起正思維 二丙　資糧未圓滿	
三　攝受 （發菩提心）	三甲　缺種姓（非大乘根器） 三乙　缺善友 三丙　心極疲厭	
四　具慧（菩薩 　　所具慧）	四甲　正行不相稱（不具足六度） 四乙　鄙者共住（令菩提心退失者） 四丙　惡者共住（憎恨大乘人者）	
五　無亂	五甲　顛倒粗重（習氣所起） 五乙　三隨一（二煩惱三障隨具一者） 五丙　能成熟慧，未成熟性	
六　無障 （障斷滅）	六甲　俱生粗重（俱生習氣所起） 六乙　懈怠性 六丙　放逸性	
七　迴向	七甲　貪著諸有（三有） 七乙　貪著資財 七丙　心性下劣	
八　不怖	八甲　於人不信重 八乙　於法無勝解 八丙　依語不依義	
九　無嫉妬	九甲　不尊重法 九乙　重名譽利養恭敬 九丙　於諸有情心無悲憫	
十　自在	十甲　於聖法無所聞 十乙　於聖法少所聞 十丙　不修勝三摩地	

所障	能作因及障	喻
第二表　能作因與喻		
一　善	生起能作因 生起障（不生諸善法）	如眼之於眼識
二　菩提	安住能作因 安住障（不安住覺受）	如四食之於有情
三　任持 　（攝受）	任持能作因 任持障（障菩提心）	如器世間之於 有情世間
四　具慧	照了能作因 照了障	如光明之於 諸色法
五　無亂	變壞能作因 變壞障（障轉滅迷亂）	如火之於所熱
六　無障	分離能作因 分離障（障離繫）	如鎌刀之於所斷
七　廻向	轉變能作因 轉變障 （障菩提心轉變相）	如金師之轉變 金成環釧
八　不怖	信解能作因 信解障	如烟之於火
九　無嫉妬	令信能作因 令信障	如因之於宗 （因明三支因宗 喻）
十　自在	至得能作因 至得障	如聖道之於涅槃

【論】今應顯彼菩提分等諸障差別。頌曰 ——

　　於覺分度地　　有別障應知　　10下

【諦譯】

　　助道十度地　　復有餘別障　　10下

【校譯】

　　菩提分度地　　**復有餘別障**　　10下

【論】論曰：復於覺分、波羅蜜多、諸地功德，各有別障。

　　於菩提分有別障者，頌曰 ——
　　於事不善巧[12]　　懈怠定減二
　　不植羸劣性　　見粗重過失　　11

【諦譯】

　　處不明懈怠　　三昧少二種
　　不種及羸弱　　諸見粗惡過　　11

【校譯】

　　境稚拙懈怠　　**三摩地缺二**
　　不植與羸劣　　**見失粗重失**　　11

【論】論曰：於四念住，有於諸事不善巧障。

　　於四正斷，有懈怠障。

於四神足，有三摩地減二事障，一於圓滿欲勤心觀隨減一故；二於修習八斷行中隨減一故。

於五根，有不植圓滿順解脫分勝善根障[13]。

於五力，有羸劣性障，謂即五根由障所雜有羸劣性。

於七等覺支，有見過失障，此是見道所顯示故。

於八聖道支，有粗重過失障，此是修道所顯示故。

【校記】

[12] 梵 akauśala 意為缺乏經驗；akauśalya 則為處事不善巧。頌文用前者（故諦譯為「不明」），奘譯可能誤讀為後者，故譯為「不善巧」。

又，梵vastu，有「事」、「處」等義，但亦可解為「境」。似用「境」義較佳，蓋頌文所言乃「四念住」之觀行境故。

[13] 梵此句作 indriyeṣu mokṣa-bhāgīyānām aropaṇam，真諦譯為「五根處不下解脫分善根種子」，基本可說為合。玄奘譯有增文。

【校疏】

此言三十七菩提分（bodhi-pākṣika）之別障，茲分別說之如下——

一、四念住者，為身、受、心、法念住。行者若觀成本尊身而住，於是執為清淨；修受念住入等持，於是執此等持境為樂；修心念住而以心輪為我；於是修法念住時，即以諸法為我所（如本尊眷屬、本尊壇城等），是即於境稚拙，落於邊際。此稚拙即為別障。

二、四正斷者，為一者已生惡令永斷；二者未生惡令不生；三者未生善令生；四已生善令增長。此四者分別稱為斷斷、律儀斷、隨護斷、修斷，皆以精勤為務，如修精進波羅蜜多，故即以懈怠為別障。

三、四神足者，修四三摩地，名為欲三摩地、心三摩地、

勤三摩地、觀三摩地，隨缺其一，即不圓滿，是為一缺失之別障（論言：欲、勤、心、觀隨減一故）。又，此四三摩地皆名斷行，此即由欲等力，分別作等引，再由等引力引發力用，如是即為八斷行，隨減其一，即不圓滿，故亦為一缺失之別障（論言：於修習八斷行中隨減一故）。

四、五根。即信根、精進根、念根、定根、慧根。此五根能生一切善法。然人於心識中，譬如種田，不下種子即無所生，故須植「圓滿順解脫分」之「勝善根」（如論言；真諦則譯云「不下解脫分善法種子」），不植即為別障。

五、五力，指破惡成善之力用。即信力、精進力、念力、定力、慧力。此五力基於五根，根為能生，生後由力令之增長，若五根與障相雜，五力即有羸弱性。

六、七覺支，即擇法、精進、喜、除、捨、定、念等，此皆以決定見為主導。故有見過失障。論主於此特別說明，此別障唯於見道顯示。

七、八正道，即正見、正思維、正語、正業、正命、正精進、正念、正定。有粗重過失障，粗重者，為不堪任而起。是修道諸地所顯。

【論】於「到彼岸」有別障者，頌曰——

　　障富貴善趣　　不捨諸有情
　　於失德減增　　令趣入解脫[14]　12
　　障施等諸善[15]　無盡亦無間
　　所作善決定[16]　受用法成熟　13

【諦譯】

　　富貴及善道　　不捨眾生障
　　增減功德失　　令諸眾生入　12
　　解脫無盡量　　令善無有間
　　所作常決定　　同用令他熟　13

【校譯】

**　障富貴善趣　　不捨諸有情**
**　減過增功德　　方便令趣入　12**
**　障令得解脫　　善無盡無間**
**　決定所作事　　受用法成熟　13**

【論】論曰：此說十種波羅蜜多所得果障，以顯十種波羅蜜多自性之障。

謂於布施波羅蜜多說富貴自在障[17]；於淨戒波羅蜜多說善趣障；於安忍波羅蜜多說不捨有情障；於精進波羅蜜多說減過失增功德障；於靜慮波羅蜜多說令所化趣入法障；於般若波羅蜜多說解脫障；於方便善巧波羅蜜多說施等善無窮盡障，由此迴向無上菩提，令施等善無窮盡故；於願波羅蜜多說一切生中善無間轉

障，由大願力攝受能順善法生故；於力波羅蜜多說所作善得決定障，由思擇力及修習力能伏彼障非彼伏故；於智波羅蜜多說自他受用法成熟障，不如聞言而覺義故。

【校記】

[14] 「解脫」一詞原屬下頌首句，玄奘移置。

[15] 梵本原無「施等諸善」之意，僅云 śubhasya，意為「淨業」、「善」等。此處奘譯乃依釋論之意增入。

[16] 奘譯「所作善決定」，可商榷。梵 niyatīkaraṇe 意為「決定所作事」，未說為「善」。按，力波羅蜜多之力用，為決定善根一切果不空耗，即所決定者為「果不空耗」事。

[17] 梵本詞意易生誤解，若依藏譯，此應云：「以障布施波羅蜜多果富貴自在為障」。其下餘句同。

【校疏】

十波羅蜜多之別障，皆以障其果為障。

不敗釋云：「如以慳障布施，即障布施得富貴自在果。」以此釋為例，即知全文皆說「障果」。

故破戒即障持戒之得人天善趣果。

瞋恚即障安忍之得不捨有情果。

懈怠即障精進之減過失、增功德果。

散亂即障禪定之能以方便令有情趣入聖法果。

邪慧即障般若之心相續解脫果。

不善巧即障方便波羅蜜多之令善根無盡果。

不發願即障願波羅蜜多之令善根相續不斷果，以由大願之力攝受故。

力弱即障力波羅蜜多之勝伏果。勝伏者，決定一切善根之果不空耗，故為殊勝調伏。

不依「四依」等，即障智波羅蜜多受用果，是即圓滿受用諸法，且顯示法門以成熟有情。說「四依」者，即依法不依人、依了義不依不了義、依義不依語、依智不依識。

茲列表如下 ——

波羅蜜多	別障	所障
布施	慳吝	得富貴自在
持戒	破戒	得入善趣果
安忍	瞋恚	得不捨有果
精進	懈怠	得增功德果
禪定	散亂	得以方便令有情入聖法
般若	邪慧	得「心相續」解脫果
方便	不善巧	得令善根無盡果
願	不發願	得令善根相續不斷果
力	力弱	得勝伏果
智	不依四依	得受用果

【論】 於地功德[2]有別障者。頌曰 ——

> 遍行與最勝　　勝流及無攝
> 相續無差別　　無雜染清淨[18]　14
> 種種法無別　　及不增不減
> 並無分別等[19]　四自在依義　15
> 於斯十法界　　有不染無明
> 障十地功德　　故說為十障[20]　16

【諦譯】

> 遍滿最勝義　　勝流第一義
> 無所繫屬義　　身無差別義　14
> 無染清淨義　　法門無異義
> 不減不增義　　四自在依義　15
> 此法界無明　　此染是十障
> 非十地扶助　　諸地是對治　16

【校譯】

> **遍行與最上　　及勝等流義**
> **無所攝持義　　相續無差別**　14
> **無染無淨義　　無有差別義**
> **不減不增義　　四自在依義**　15
> **此法界無知　　是染十地障**
> **非十地助道　　諸地所對治**　16

2　《藏要》為「於十地功德」。

【論】論曰：於遍行等十法界中，有「不染無知」[21]障十地功德，如次建立為十地障。

謂初地中所證法界名遍行義，由通達此證得自他平等法性。

第二地中所證法界名最勝義[22]，由通達此作是思惟，是故我今於同出離，一切行相應遍修治，是為勤修相應出離。

第三地中所證法界名勝流義，由通達此知所聞法是淨法界最勝等流。為求此法，設有火坑量等三千大千世界，投身而取不以為難。

第四地中所證法界名無攝義，由通達此乃至法愛亦皆轉滅。

第五地中所證法界名為相續無差別義，由通達此得十意樂平等淨心。

第六地中所證法界名無雜染無清淨義，由通達此知緣起法無染無淨。

第七地中所證法界名種種法無差別義，由通達此知法無相，不行契經等種種法相中。

第八地中所證法界名不增不減義，由通達此圓滿證得無生法忍，於諸清淨雜染法中不見一法有增有減，有四自在：一無分別自在；二淨土自在；三智自在；四業自在。法界為此四種所依，名四自在所依止義。第八地中唯能通達初二自在所依止義。

第九地中亦能通達智自在所依義，圓滿證得無礙解故。

第十地中復能通達業自在所依義。隨欲化作種種利樂有情事故。

【校記】

[18] 此處玄奘移置，參諦譯及校譯即知。

[19] 此句為奘譯增文，梵本、藏譯、諦譯均無。

[20] 奘譯此頌全出意譯。參諦譯及校譯即知。

[21] 梵 akliṣṭam ajñāna，奘譯「不染無明」（頌16），或如此處譯「不染無知」，即「不受雜染之無智」，亦即頌文中之 dharmmadhātāv avidyā，此 avidyā 亦譯為「愚」，故譯為「無知」較合。

[22] 梵 agra-artha，意為「最上義」，不宜譯為「最勝義」，否則易與勝義諦之勝義混淆。

【校疏】

於《解深密經》謂十地菩薩各有二種愚一種粗重，是亦即本論所說之「不染無知」，即為十地之別障。此障十地功德，令其唯住於一地，更不能上進，所以頌16言：「非十地助道，諸地所對治」。

真諦譯《釋論》言：「此無明十種，菩薩地中次第應知，

是障非地。」此中之「是障非地」乃真諦之增語，令讀者易知〈釋論〉中所言，非地地功德，實為地地功德之障。此乃真諦繙譯之特色，實應視為註文。

依安慧疏，此以通達法界遍行之義為分位差別，即分位愈上，愈能安住於法界，且生起愈上功德。依此，〈釋論〉所言即諸地功德之極限，是故為障，障其更上。此亦即瑜伽行派所立「離相四加行」中之離證智相加行，證智變為障，正以其有極限故。

此如論言，初地菩薩於遍行義，唯由通達此「法界遍一切處」，得證自他平等法性。然若唯安住於此自他平等法性，則更不能淨治一切出離行相。

以此為例，即知地地之所應淨治。

【論】復略頌曰——

> 已說諸煩惱　　及諸所知障
> 許此二盡故　　一切障解脫[23]　17

【諦譯】

> 已說煩惱障　　及一切智障
> 是攝一切障　　盡彼得解脫　17

【校譯】

> **已說煩惱障　　及諸所知障**
> **彼盡即解脫　　諸別障盡故　17**

【論】論曰：由此二種攝一切障故。許此盡時，一切障解脫。

前障總義有十一種：一廣大障，謂具分障。

二狹小障，謂一分障。

三加行障，謂增盛障。

四至得障，謂平等障。

五殊勝障，謂取捨生死障。

六正加行障，謂九煩惱障。

七因障，謂於善等十能作障[24]。

八入真實障，謂覺分障。

九無上淨障，謂到彼岸障。

十此差別趣障，謂十地障。

十一攝障，謂略二障。

【校記】

[23] 依梵 sarvāṇy āvaraṇānīha yat-kṣayān muktir iṣyate，意云：「彼〔二〕障盡即一切別障盡，說為解脫。」奘譯及諦譯皆為意譯。

[24] 勘梵本及藏譯，應云：「謂於善等十能作障，以〔能作〕為因故。」

【校疏】

煩惱障是輪廻因，故凡障礙解脫者皆是。所知障是戲論因，故凡障礙現證如來法身者皆是。

由此二障，開展為種種別障，說為有十一種。此種種別障雖說各有對治之道，總歸而言，則能對治者無非「人無我」與「法無我」二法門。

是故頌言：「彼〔二障〕盡即解脫，諸別障盡故。」

瑜伽行中觀之觀修，以修「現空雙運」對治人我、修「明空雙運」對治法我。前者修化身、後者修報身。前者成就，煩惱障斷；後者成就，所知障斷。

上來所說，即觀修之抉擇見。前分別相品，由相作抉擇，知現相與實相之無二，本品則由障作抉擇，除現相之迷

亂，此即觀修之基。若非為觀修而設，世親何必喋喋而言，彼非一教書匠，亦非一說經人，實為瑜伽行之行者耳。此意尚希讀者鄭重。

《大乘辨中邊論》第二〈辯障品〉竟

辨真實品第三

辨真實品第三

【論】已辯其障。當說真實。頌曰 ——

真實唯有十[1]　　謂根本與相
無顛倒因果　　　及粗細真實　1
極成淨所行　　　攝受[2]並差別
十善巧真實　　　皆為除我見　2

【諦譯】

根本相真實　　　無顛倒真實
果因俱真實　　　細粗等真實　1
成就清淨境　　　攝取分破實
勝智實十種　　　為對治我見　2

【校譯】

根本相真實　　　及無顛倒相
因果性真實　　　以及粗與細　1
極成淨所行　　　總攝與差別
十善巧真實　　　能對治我見　2

【論】論曰：應知真實唯有十種：一根本真實、二相真實、三無顛倒真實、四因果真實、五粗細真實、六極成真實、七淨所行真實、八攝受真實、九差別真實、十善巧真實。此復十種，為欲除遣十我見故[3]。十善巧者：一蘊善巧、二界善巧、三處善巧、四緣起善巧、五處非處善巧、六根善巧、七世善巧、八諦善巧、九乘善巧、十有為無為法善巧。

【校記】

① 論一句及此句奘譯增文。梵本、藏譯、諦譯皆無此。

② 梵 saṃgraha，藏譯作 bsdu ba，皆意為「總攝」。（此與 parigraha 不同。）依〈釋論〉第13頌之釋，謂「相等五事隨其所應，攝在根本三真實」，此即總攝義，若譯為「攝受」，則可能誤解相等五事能攝三根本真實。（可參考校疏）。

③ 依梵本 tat punar daśavidhaṃ daśa-vidhātmagrāha-pratipakṣeṇa veditavyaṃ，應譯為：「此復有十種，十能對治我見方便應知。」奘譯為意譯，「十善巧者」則為增文。

【校疏】

不敗釋簡明，說言：「應知一切所知總攝為遍計性、依他性、圓成性，若無倒抉擇此三自性相，即能顯示真實性。

云何顯示真實性？

總攝一切法之三自性為根本真實；能顯示三自性相為相真實；於三自性施設無常等無顛倒諦實義為無顛倒真實；於三自性施設輪涅因果真實性為因果真實；於三自性施設粗細真實性為粗細真實；於三自性施設極成之真實性為極成真實；於三自性施設淨所行境及非淨所行境為淨所行真實；於三自性中總攝五法為總攝真實；於三自性中分出流轉等七種真實性為差別真實；於三自性善巧十種方便真實性為善巧真實。

如是以十種真實相，可由三自性而了知一切法。此中善巧真實十種，成為十種別別我執相之對治。

【論】 此中云何根本真實？謂三自性：一遍計所執自性、二
依他起自性、三圓成實自性[4]，依此建立餘真實故。

於此所說三自性中。許何義為真實[5]。頌曰 ——

許於三自性[6]　　唯一常非有
一有而不真　　一有無真實　　3

【諦譯】

性三一恆無　　二有不真實
三有無真實　　此三本真實　　3

【校譯】

三性......

（長行）

......一恆無　　一有而非真

一有無真實　　成立三自性　　3

【論】 論曰：即於如是三自性中，遍計所執相常非有，唯
「常非有」於此性中許為真實，無顛倒故[7]；依他起
相有而不真，唯有「非真於依他起」許為真實，有亂
性故[8]；圓成實相亦有非有，唯有非有，於此性中許
為真實，有空性故[9]。

【校記】

④ 於三自性名相，玄奘有增文。parikalpita svabhāva 應譯為「遍計自性」，奘譯增「所執」；paratantra svabhāva 應譯為「依他自性」，奘譯增「起」；pariniṣpanna svabhāva 應譯為「圓成自性」，奘譯增「實」字。真諦分別譯為：分別性、依他性、真實性。

⑤ 於此奘譯有移置及意譯。於此處，依梵本，僅言：「此中根本真實者」，於是出第3頌首句「三性」一詞。復於此詞後云：「遍計、依他、圓成，於此三者觀察其決定，依何義可許三自性真實。」然後出首句餘文及第二句。

⑥ 「許於三自性」為奘譯移置。梵於此處僅作「三自性」（svabhāvas trividhaḥ）。頌文末句 svabhāva-traya iṣyate（意為「成立三自性」），奘譯為「許於三自性」且移為頌文首句。（參校譯）。

⑦ 「唯常非有於此性中許為真實」句，奘譯為意譯。依梵本，全句應譯言：「遍計相常而非有，其遍計自性無顛倒真實。」非許「常非有」性真實。

⑧ 情形同上註。依梵本，此句應譯言：「依他相無實而有（與頌文「有而非真」文字不同），有亂性故。其依他性真實。」

⑨ 情形同前，依梵本，此句應譯言：「圓成相有非有真實，其圓成性則真實。」無奘譯「有空性故」句，此蓋為增文。

由上來所言，知奘譯未分別「三自性」與「三自性相」。世親論義，三自性為根本真實，三自性相則如頌所言，真

實不真實別別不同。

真諦譯則合梵本，唯行文稍亂。

【校疏】

安慧疏言：「此中根本真實者，謂三相自性。」即謂本頌僅說自性真實，未說相真實。相如何可說為真實，當於下第4頌了知。

不敗釋言：「一切真實皆依三自性作抉擇，故當知其義云何。」

凡夫迷亂心執取二我（人我、法我）以為自性，然二我恆時無有，故名為遍計；虛妄遍計心識雖有二取顯現，然其顯現實依他者，故名依他；有空性二取自性，故此無能所真實，故名圓成，亦可稱為實相。—— 如是承許三自性為真實。

玄奘於譯文中，不說遍計自性為真實，唯說其「常非有」性為真實；說依他自性時，亦唯說其「非真依他起」為真實，至於圓成性，則許其「空性」為真實。這不是世親的意思。

先談許空性為真實這一點，於許圓成性「於此性中許為真實，有空性故」時，即已成立「唯空」。這不是瑜伽行派的觀點。瑜伽行派只是將「無二取」這種「性」稱為空性，但又同時指出，於空中亦有二取，是即空與二取雙運，由是既不否定二取的顯現，卻同時成立了顯現的自性為空。這就不是「有空性故」即是真實，因為必須雙運才

是真實。

真諦譯為：「**真實性相者，『有無』真實。此相真實性中是真實。**」是即瑜伽行派的觀點。「有無」真實，那就是二取顯現的「**虛妄遍計有**」、跟「**此中唯有空**」雙運。那才是瑜伽行派所成立的中道。

於此僅客觀地指出瑜伽行古學與唯識今學在見地上的岐異，並非批評玄奘。但目前的情形是，真諦譯已受壓抑逾百年，所以，我們是否也應該持平一點，於玄奘譯事之外，也同時重視真諦的翻譯。一如傳統的中觀家，於重視玄奘譯之外，亦重視鳩摩羅什的繙譯。

此外，我們也應該注意到，由於落入「唯空」邊，唯識今學便可能陷入一個矛盾。他們對「唯空」中觀不能不加以認同，因為「真實」即是「有空性故」。可是主張「唯空」的中觀學派，則實基於對唯識的否定而成立「唯空」，所以《入中論》（*Madhyamakāvatāra*）必須辯破唯識。那麼，怎樣一方面同意「唯空」，另方面卻要為唯識辯護呢？到目前為止，看不到唯識今學的學人能提出既說「唯空」又能成立「唯識」的論說。此中的末流，只能自說自話依前人的說法來講解唯識，然後與「唯空」中觀合流來否定如來藏，卻罔顧自己宗派的先輩推崇如來藏思想。這做法，給佛學帶來了十分惡劣的影響。因此，唯識學人如果能參考一下瑜伽行古學的說法，對己對人都有好處。

【論】云何相真實。頌曰——

於法數取趣　　及所取能取
有非有性中　　增益損減見[10]　4
知此故不轉[11]　是名真實相　　5上

【諦譯】

增益損減謗　　於法於人中
所取及能取　　有無中諸見　4
知常見不生　　是真實寂相　　5上

【校譯】

增益與減損　　於人及於法
於所取能取　　於有非有中　4
知則更不轉　　是真實性相　5上

【論】論曰：於一切法補特伽羅所有增益及損減見。若知此故，彼便不轉，是遍計所執自性真實相。

於諸所取能取法中所有增益及損減見，若知此故，彼便不轉，是名依他起自性真實相。

於有非有所有增益及損減見，若知此故，彼便不轉，是名圓成實自性真實相。

此於根本真實相中無顛倒，故名相真實[12]。

【校記】

[10]　依梵本，此「**增益損減見**」原為第4頌首句，玄奘移置為第四句。此較合漢文語法，今從之。　又，梵本無與「**見**」字相應之字，此為增語。

[11] 梵 na pravartita 意為「不起作用」。玄奘譯為「不轉」，
於今已成定譯。讀者不宜將「轉」此詞解為「生起」。

[12] 此句梵作 etan mūla-tatve lakṣaṇam aviparītaṃ lakṣaṇa-tatvam
ity ucyate，宜譯為「於根本真實中，相無顛倒，故名為相
真實」。非「**根本真實相中無顛倒**」。

【校疏】

不敗釋云：於此三自性，由認知而見其真實。此如於一境
事，當心能知其所以成為有之自性，是即知其真實相。此
中之所知應無增益與減損。

不敗尊者之所言，即是行者作抉擇之要領，亦即四重緣起
觀修之要領。此如依「業因緣起」抉擇「遍計自性」，即
由種種因緣之和合相，得抉擇「遍計自性相」為非有，因
「遍計相」之所以成為有（遍計有），實依其「名言」而
成為有。當如是抉擇時，便否定「名言有」，同時成立「
業因有」。如是即知「遍計自性相」的真實，僅在於其能
成立「名言有」。

如是抉擇，並未對「遍計自性相」作增益與減損。若言此
為造物主所造，便是增益；若言「名言有」不可成立，那
便是在世俗層次作了減損，因為世俗皆依名言有而說為現
實（實有）。

綜合上來所說抉擇，則可由觀修而得一決定見：「遍計自
性」真實，以其能於世俗建立「名言有」。至於「遍計自
性相」，則在「名言有」的範限內真實，故可說「常非
有」。

以此為例，即知對三自性及三自性相的抉擇與決定。

【論】無顛倒真實者，謂無常、苦、空、無我性。由此治彼常等四倒。云何應知此無常等依彼根本真實立耶？頌曰[13]——

無性與生滅	垢淨三無常	5下
所取及事相[14]	和合苦三種	6上
空亦有三種	謂無異自性[15]	6下
無相及異相	自相三無我	7上
如次四三種	依根本真實[16]	7下

【諦譯】

無常義有三	無義生滅義	5下
有垢無垢義	本實中次第	6上
（長行）		
苦三一取苦	二相三相應	6下
（長行）		
無空不如空	性空合三種	7上
（長行）		
無相及異相	自相三無我	7下

【校譯】

無常由無義	及由生滅相	5下
由有垢無垢	依本實次第	6上
（長行）		
所取及相事	與和合為苦	6下
（長行）		
無性非如性	自性空當知	7上

（長行）

無相與異相　　及自相無我　　7下

【論】 [17]論曰：無常三者：一無性無常，謂遍計所執，此常無故；二生滅無常，謂依他起，有起盡故；三垢淨無常，謂圓成實，位轉變故。

苦三種者：一所取苦，謂遍計所執，是補特伽羅法執所取故；二事相苦，謂依他起，三苦相故；三和合苦，謂圓成實，苦相合故。

空有三者：一無性空，謂遍計所執，此無理趣可說為有，由此非有說為空故；二異性空，謂依他起，如妄所執，不如是有，非一切種性全無故；三自性空，謂圓成實，二空所顯為自性故。

無我三者：一無相無我，謂遍計所執，此相本無，故名無相，即此無相說為無我；二異相無我，謂依他起，此相雖有而不如彼遍計所執，故名異相，即此異相說為無我；三自相無我，謂圓實成，無我所顯以為自相，即此自相說為無我。

如是所說無常、苦、空、無我四種，如其次第，依根本真實各分為三種。四各三種，如前應知。[18]

【校記】

[13] 此處數頌,玄奘移置甚大。頌文移置的情形是:將第6頌上半頌之末句,改譯成兩句,移作第7頌下半頌。以此之故,諸頌文位置即全部移位,此可參見諦譯及校譯。

[14] 此處奘譯「事相」,梵作 lakṣmākhya,意為「名為相者」,故真諦但譯為「相」,準確一點應譯為「相事」,即此「相」之名所攝事。論言此即三苦(苦苦、壞苦、行苦),是即為「相」此名之所攝事。唯自玄奘譯後,於今通途皆名之為「事相苦」,於此不妨說明其原委。

[15] 奘譯「謂無、異、自性」,此中之「異」即是「異性」,校梵本,作 atad-bhāva,應譯為「非如」(真諦譯為「不如」),奘譯可能參考其所譯釋論長行而譯。然此段長行亦有可商榷處見下[17]。

[16] 此處玄奘改文。梵本情形是 —— 頌7下二句,僅說「無相及異相無我」(alakṣaṇam ca naīrātmayaṃ tad-vilakṣaṇam eva ca),於第8頌上之首句,始說「自相無我」(sva-lakṣaṇañ ca nirddiṣṭam)。此漢文甚為不便,故實宜移置,唯玄奘於移置後,出此二句則有如自造。

[17] 奘譯此段釋論甚多增文,蓋乃依己意補充詮釋。復多移置,意為欲便讀者。今略說如下 ——

於釋三無常,依梵,僅謂「無義、生滅、垢淨三無常依三自性次第」。玄奘則增文詳釋。

梵本於此後出說「苦」半頌(6下),然後出釋論詮釋所取、相事、和合三者,奘譯依從梵文。

其後梵本出頌7上半，說三種空性，奘譯移為頌6下半。

梵本隨出空性釋論（奘譯此段則連上段釋論及下段釋論），於此有二岐異。一、於說「無性」一段，奘譯：「......謂遍計所執，此無理趣可說為有，由此非有說為空故」，依梵本，應云「此自性不實故為非有，由是說為空性」。二於說「異性空」（非如性空）一段，奘譯「......謂依他起，如妄所執，不如是有，非一切種姓全無故」，依梵應云「......謂依他自性相，非如遍計，以非彼自性，是故為空性」。此謂依他自性恆似顯為遍計自性相，然而依他自性非如遍計自性，故說「非彼自性」。

比較起來，真諦釋則大致上隨順梵文。

[18] 此句為奘譯略譯。諦釋則具足全文，且與梵本符合。今依梵本，略改真諦譯以便比較 ——

如是三種根本真實中，顯說：

有三種無常：一無義無常、二生滅無常、三有垢無垢無常。

三種苦：一所取苦、二相事苦、三和合苦。

三種空：一無性空、二非如性空、三自性空。

三種無我：一無相無我、二異相無我、三自相無我。

【校疏】

安慧疏詳說此「四無顛倒」之三種，今依其義略說如次
——

一無常。無常義即無有義；生而且滅義；具有垢無垢義。
此謂遍一切時可遍一切而有者為「常」，否則即是「無
常」。

二苦。謂由所取故苦、由相事故苦、及由相和合故苦。此
中遍計自性者為所取故苦，全無知故，由是取人我法我，
而事體則現前為人我法我。於遍計執自性現前而執著者，
故生為苦。依他自性相應說為相事苦，相事有三種苦，謂
苦性之苦（苦苦）、變異之苦（壞苦）、行之苦（行
苦），此三苦相皆依他自性。圓成自性則由相連屬（和
合）而為苦，法性與法二者相連屬故（按，依《辨法法性
論，此即謂真如與虛妄遍計相連屬）。

空性者，謂無事、非彼事。是故無事即無性空，是遍計自
性，如兔角；由非如是而說為空者，依他起自性，凡愚執
為遍計自性，此雖非如是有，然於清淨見中成分別者，則
〔依他〕亦非全無（疑奘譯「非一切種姓全無故」即用此
句）。圓成自性者，以「無有二」之性為自性故，空性即
此自性。

無我者，由無相說。此又有三：無相故無我、由所對治相
故無我、由自相故無我。此中遍計自性相，以其相無有事
體故，說為無我；依他自性相者，由所對治相說為無我，
謂遍計自性相為所對治，蓋由依他可說遍計自性無有，凡
愚執依他為遍計，故由遍計可顯示依他自性相為無我；圓

成自性者，以無二取故，故其自性相可顯示無我，即謂於圓成自性之諸法中，以無我為自性。

此段疏文可為世親釋論作補充。

【論】因果真實謂四聖諦，云何此依根本真實？頌曰[19]——

苦三相已說　　集亦有三種
謂習氣等起　　及相未離繫　　8
自性二不生　　垢寂二三滅[20]
遍知及永斷　　證得三道諦　　9

【諦譯】

集諦復有三　　熏習與發起
及不相離等　　　　　　　8
（長行）
體滅二種滅　　垢淨前後滅　　9上
（長行）
觀智及除滅　　證至道有三　　9下

【校譯】

及自相無我　　故許此苦諦
（長行）
習氣與等起　　與及未離繫　　8
（長行）
自性二不生　　垢寂滅者二　　9上
（長行）
遍知及永斷　　我等親現證　　9下

【論】[21]論曰：苦諦有三，謂無常等四各三相，如前已說。

集諦三者：一習氣集，謂遍計所執自性執習氣；二等起集，謂業煩惱；三未離繫集，謂未離障真如[22]。

滅諦三者：一自性滅，謂自性不生故；二二取滅，謂
所取能取二不生故；三本性滅，謂垢寂二，即擇滅及
真如[23]。

道諦三者：一遍知道、二永斷道、三證得道。應知此
中於遍計所執唯有遍知、於依他起有遍知及永斷、於
圓成實有遍知及證得。故依此三建立道諦。

【校記】

[19] 奘譯頌8及頌9，有移置及增文。於[16]已說，依梵本，頌
8首句連屬頌7，故於此頌8只有三句。於頌8前，梵本有長
行云：「由前已說無常等相」，故頌8次句即云：「**故許
此苦諦**」，此即謂由無常等各三種相成立苦諦。

此句後有長行引出集諦，然後出頌8下二句，於此後復有
長行詮釋，並引出滅諦，然後為頌9上二句。

如前，頌9上之後有長行詮釋，引出道諦。然後始出頌9下
二句。然此說道諦實尚未畢，故其後於頌10首句完結，然
後出長行詮釋。奘譯略去頌10首句，長行則置於此段中。

由於有長行作引，是故頌文中即不須說集諦、滅諦、道諦
之名。奘譯將此數長行合併，由是頌文即須添字。此可比
較諦譯及校譯而知。

[20] 奘譯「垢寂二三滅」，有點含糊。諦譯則為意譯。依梵
mala-śānti-dvayam　matam，應譯為「垢寂滅者二」，此即
諦譯長行之「垢寂滅二種」藏譯同）

[21] 奘譯此處有移置，參[19]。

[22] 奘譯「三、未離繫集謂未離障真如」。此可商榷，依梵 avisaṃyoga-samudayaḥ / tathatāyā āvaraṇāvisaṃyogaḥ，應譯 云：「未離繫集謂真如與惑障不相離」，諦譯合）。參校 疏。

[23] 諦譯於此下有云：「是三種滅：一無體滅、二二滅、三自 性滅。」梵本同。奘譯將此融合於上文。

【校疏】

安慧疏言：由根本真實解說苦、集、寂、道，即謂此四諦 亦以根本真實為其自性。故說苦諦為無常、苦、空、無我 性等相。

如是，集諦之義有三，於根本真實中如其次第說為習氣、 等起、未離繫三者。習氣集者，即謂執著遍計自性之習 氣；由是成立對世間法作分別之習氣，然而，既能成立對 世間法分別之習氣，自亦能成立執著出世間法之習氣。等 起集者，謂依他自性，依此而得人我法我，然而此「我」 如何而得，則謂「依他」而生起，如是即成為集。此云何 為自性，謂業及煩惱等。未離繫之集，謂真如。此猶言， 真如未離繫之前，苦等皆集起。然亦可說言：諸垢障實不 離真如，此未離異〔垢障〕之真如即是集之法性，亦得名 之為集。（按，此即說如來藏，可參《寶性論》說「離垢 真如」與「雜垢真如」。真諦深知此義，故於釋論中如梵 本而譯云：「如如與惑障不相離」，奘譯則失此義，意譯 云：「謂未離障真如」，如是即失其「不相離」之意。依 如來藏學說，此不相離，即智境與識境不相離，是即雜垢

真如，亦即如來藏。故安慧說言「即是集之法性」。）

於根本真實中之滅諦者，謂三行相滅。此中由自性故無生者，即遍計自性，如石女兒故。復次，由錯亂體性而說為不生者，謂所取能取二無，是即依他自性。更說「垢寂」者，謂圓成自性，有總攝義。言「垢寂」者，垢謂貪等垢障及遍計自性，寂則謂平息，言諸垢已為本住之無漏種子根除。

最後當解說道諦，遍知者，謂對遍計自性當遍知（完全了知）。如是即知所應斷離，是為依他自性，此應斷者為業及煩惱。圓成自性者，謂遍知有事及無事，即於此中解脫，是為轉依，現前親證轉依法身。（按，此亦說如來藏。有事即識境，無事即智境，由識境悟入智境，即是轉依。）

由安慧疏，知瑜伽行古學實依如來藏，且以之為果。不敗言：由如來藏而成立道諦，是依「由果立因」相依理。如是成立道諦為因，現證如來藏果。

【論】粗細真實謂世俗、勝義諦。云何此依根本真實？頌曰[24]

　　應知世俗諦　　差別有三種
　　謂假行顯了[25]　如次依本三　　10
　　勝義諦亦三　　謂義得正行
　　依本一無變　　無倒二圓實[26]　11

【諦譯】

　　粗義有三種　　立名及取行
　　顯了名俗諦　　　　　　　　10三句
　　（長行）
　　真諦三中一　　　　　　　　10末句
　　（長行）
　　一義二正修　　三至得真實　11上
　　（長行）
　　無變異無倒　　成就二真實　11下

【校譯】

　　是説為道諦　　假名與認知
　　及顯了為粗　　　　　　　　10三句
　　（長行）
　　勝義諦依一　　　　　　　　10末句
　　（長行）
　　義得與正行　　應知勝義三　11上
　　（長行）
　　無變異無倒　　圓成性者二　11下

【論】[27]論曰：世俗諦有三種：一假世俗、二行世俗、三顯了世俗。此三世俗如其次第依三根本真實建立。

勝義諦亦三種：一義勝義謂真如，勝智之境名勝義故；二得勝義謂涅槃，此是勝果亦義利故[28]；三正行勝義謂聖道，以勝法為義故[29]。此三勝義應知，但依三根本中圓成實立。此圓成實總有二種[30]，無為有為，有差別故。無為總攝真如、涅槃[31]，無變異故名圓成實；有為總攝一切聖道，於境無倒，故亦名圓成實。

【校記】

[24] 頌10與頌11，奘譯皆有移置。依梵本，其情形應如是 ——

梵本頌10首句，承接上頌9言：「是說為道諦」（mārgga-satyaṃ samākhyātaṃ）。奘譯及諦譯皆將此句融入頌9末句，（奘譯為「證得三道諦」）。

頌10所餘三句，奘譯衍為四句（諦譯則仍作三句，藏譯同），即首句增文為「應知世俗諦」。

然而情形尚不只此，梵本頌10末句云：「勝義諦依一」（paramārthan tu ekataḥ）。真諦意譯為「真諦三中一」（意謂三勝義諦唯依於一）；藏譯將之改為長行置頌前；玄奘譯則增文譯為「如次依本三」。

是即於頌10，奘譯首末句皆增文而譯。（可與校譯比較。

[25] 奘譯「謂假、行、顯了」，此中之「假」，梵作prajñapta，意為「假名」、「施設」（諦譯為「立名」）；此中之「行」，梵作 pratipatti，奘譯為「行」（諦譯為「取行」）。此二譯似未洽。前者應全文譯為「假名」，後者應譯為「認知」。

復次，此中「顯了」，梵於此處作tathōdbhāvanaya，為複合詞，意為「如實顯示」，即「如實了別」之意。然於別處則作udbhāvana，則僅意為「顯示」。

[26] 此兩句，玄奘增文意譯。參校譯可知。

[27] 論文多處移置。依梵文，情形如下 ——

於頌10首句「是說為道諦」後，出一段長行，奘譯則將此段長行置入前段（參[19]）。

復次，於頌10第二、三句後有一段長行，即本段長行中說
「世俗諦有三種」一節。於此節長行後，出頌10末句云：
「勝義諦依一」，然後再出一段長行，為奘譯略去，此云
——

勝義諦者，應知唯圓成自性。復次，云何為勝義？
paramārtha-satyaṃ / ekasmāt pariniṣpannād eva svabhāvād
veditavyam / sa punaḥ kathaṃ paramārthaḥ /

然後出頌11首二句，復出一節長行，相當於奘譯本段長行
中「勝義諦亦三種」一節。此後始出頌11三四句，然後為
一節長行，相當於奘譯本段說圓成性一節。

[28] 奘譯「此是勝果，亦義利故」，與梵本、藏譯、諦譯皆不
同。依梵 paramo 'rtha iti kṛtvā，此應云：「此為義〔境〕
之最勝故」。

[29] 奘譯「以勝法為義故」，與梵本、藏譯、諦譯皆不同。依
梵 mārggaḥ paramo 'syārtha iti kṛtvā，應云：「此為住境之最
勝故」。

[30] 依梵本，此為問句，云：「云何圓成性成就有為無為？」
（asaṃskṛtam avikāra-pariniṣpattyā pariniṣpanna）。文有起
伏，較佳。

[31] 「無為總攝真如、涅槃」為奘譯增文，梵本、藏譯、諦譯
均無此句。

【校疏】

三種勝義，即基、道、果。義勝義為智境、正行勝義為能住於智境之道、得勝義為果，得證最勝智境故。奘譯於此節釋論改文，即失此義，今依梵本，將此節長行重繙如下——

> 義勝義謂真如，以其為智境之最勝（paramasya jñānasyārtha）故。得勝義謂涅槃，以其為義（境）之最勝（paramo 'rtha）故。行勝義謂聖道，以其為住境（'syārtha）之最勝（paramo 'syārtha）故。

由此即知，此同《入楞伽經》，以真如為佛內自證智境，此即如來藏義理。

瑜伽行派之轉依，即轉智境上之識境而依智境（轉雜垢真如依離垢真如）。正由於此，故安慧疏言：「得勝義者謂涅槃。極無垢障之真如，即轉依之能相。」

由此三勝義之建立，即知轉依之基、道、果實依如來藏義理。此即瑜伽行古學之理致，參真諦譯即可知。

故不敗釋略言：勝義者，唯三自性中之圓成性，以無二取境界超越凡庸言思者、以能實相與現相相融者，唯此而已。

勝義所攝：一、義勝義即是真如，以真如為出世間聖智境故；二、得勝義即大涅槃，一切所求中最殊勝故；三、正行勝義即是道，依止聖道能得殊勝解脫果故。如是於基、道果安者施設為三種勝義。

復以無變異圓成性無為法、及無顛倒圓成性真如能相二

者，統攝一切勝義，前者依基與果而施設，後者依道諦所攝有為法而施設。是故二種圓成即與上述三種勝義一致。

不敗尊者在這裡用了兩個如來藏學說的名相。所謂「無變異圓成性無為法」，即是「佛自證智境」，亦即如來法身，以智境上雖然有識境隨緣自顯現，但智境卻不因之而受識境污染，是故說為「無變異」。

又所謂「無顛倒圓成性真如能相」，即是「佛內自證趣境」，亦即諸佛由後得智來觀察識境（如六趣）所見的實相，在瑜伽行，稱之為「法性能相」，或「真如能相」。由於是觀察世間，所以可統攝有為法。此即圓成自性可統攝無為法及有為法之理。由此即可成立下來所說之真實。

【論】極成真實略有二種：一者世間極成真實；二者道理極
　　　成真實。云何此二依彼根本真實立耶？頌曰 ——

　　　世極成依一　　理極成依三　　12上

【諦譯】

　　　安立成就者　　一處世俗成
　　　（長行）
　　　離名無體故　　三處道理成　　12（增補為一頌）

【校譯】

　　　世極成依一　　　　　　12首句
　　　（長行）
　　　依三理極成　　　　　　12次句

【論】論曰：若事世間共所安立、串習[32]，隨入覺慧所取。
　　　一切世間同執此事是地非火、色非聲等是名世間極成
　　　真實。此於根本三真實中，但依遍計所執而立[33]。

　　　若有理義聰叡賢善能，尋思者，依止三量證成道理施
　　　設建立。是名道理極成真實。此依根本三真實立。

【校記】

[32] 依梵本，譯為「串習」可商榷，應為「習於假名」
（saṃketa-saṃstava）。

[33] 梵本此段置於頌12首句後。

【校疏】

一切假名之施設，必須依世間極成或道理極成而施設。世間極成者，如瓶，世間共稱此假名由是極成。

道理極成者，若依量，則為現量、比量、聖教量。若依道理，則說為四理。

此四理見於《解深密經》（*Saṃdhinirmocana-sūtra*），更屢見於瑜伽行派論典。四理即一者相依理（或觀待道理），此為由果以立因，如有子始有父；二作用理（或因果道理），此為由因而知果，如由密雲而知雨；三證成理（或成就道理），此為由現量等作抉擇，如由眼所見；四法性理（或法爾道理），如施設熱為火性。

是故兩種極成之差別，在於世間極成不依理量、道理極成則依理量。

【論】淨所行^㉞真實亦略有二種：一煩惱障淨智所行真實；二所知障淨智所行真實。云何此二依彼根本真實而立？頌曰 ——

　　淨所行有二　　依一圓成實^㉟　12下

【諦譯】
　　清淨境二種　　攝在於一處　12下

【校譯】
　　淨所行境二　　唯依一真實　12下

【論】論曰：煩惱、所知二障淨智所行真實，唯依根本三真實中圓成實立。餘二非此淨智境故^㊱。

【校記】

[34] 「淨所行」為略譯，梵 viśuddhi-gocara 有「境」義，即謂「淨所行之境界」。故真諦譯為「清淨境」。

[35] 奘譯「依一圓成實」，有改文。依梵本，此為 ekasmād-eva kīrttitaṃ，意為「唯依一真實」。僅言「真實」，未舉「圓成實」之名，以前已舉故。

[36] 此處奘譯增文。梵僅謂「二淨智所行境性，唯依圓成自性，非餘自性。」（pariniṣpannād eva svabhāvān na hy anya-svabhāvo viśuddhi-jñāna-dvaya-gocaro bhavati）

【校疏】

安慧疏言：此中煩惱障，即為現證及觀修道所應斷之一切煩惱及隨煩惱。是故苦、集、滅、道四諦，即煩惱障淨智所行境界。

所知障者，總攝五明，即內明、聲明、因明、醫方明、工巧明五者。此中成為智境之障礙者，為非染無明。清淨者，總攝十一地（由初歡喜地至無學道因地），即隨順出世間智所行。

二智行相境界即是法性，故清淨智所行境之真實，唯由圓成自性安立。

【論】云何應知相、名、分別、真如、正智攝在根本三真實耶[37]？頌曰——

名遍計所執　　相分別依他
真如及正智　　圓成實所攝[38]　　13

【諦譯】

相及於分別　　名字二性攝　　13上
（長行）
聖智與如如　　此二一性攝　　13下

【校譯】

相分別與名　　為二性所攝　　13上
（長行）
正智與如如　　實為一所攝　　13下

【論】論曰：相等五事，隨其所應攝在根本三種真實。謂「名」攝在遍計所執；「相」及「分別」攝在依他。圓成實攝「真如」、「正智」[39]。

【校記】

[37] 奘譯增文，梵本僅謂「云何應知總攝真實即為三根本真實？」（katham trividhe mūla-tatve saṃgraha-tatvaṃ veditavyaṃ）。奘譯列出五名，或欲便讀者，知所謂「總攝」者為能攝五法。

[38] 奘譯增文，梵本僅云「二性」、「一性」，未有列名。

[39] 奘譯移置。依梵本，於頌13首二句後，出長行說二性所攝；於三四兩句後，再出長行，說圓成自性所攝。奘譯將此合併。

【校疏】

統攝大乘一切義理者，即為五法，此為《入楞伽經》之所說。即名、相（所相）、分別、正智、如如五者。

此中之「名」，即是假名施設；「相」則為名之施設處；分別即為八識，故三者皆屬於世間法，由是遍計自性攝名，餘二則為依他自性所攝。相及分別，皆依於心識。若僅言相，則為「唯識無境」；若言分別，則可說為「一切唯心造」。瑜伽行古學有此二義，唯識今學則唯重前者。

正智與如如為出世間法，故唯依於圓成自性。此中正智為圓成自性的能境、如如則為所境。由正智得見如如故。

【論】 差別真實略有七種；一流轉真實、二實相真實、三唯識真實[40]、四安立真實、五邪行真實、六清淨真實、七正行真實[41]。

云何應知此七真實依三根本真實立耶？頌曰 ——
流轉與安立　　邪行依初二[42]
實相唯識淨　　正行依後一　　14

【諦譯】

生實二性攝　　處邪行亦爾
相識及清淨　　正行真性攝　　14

【校譯】

流轉真實二　　　　　　14首句
（長行）
安立與邪行　　　　　　14次句
（長行）
實相識清淨　　正行入於一　　14下

【論】 [43]論曰：流轉等七，隨其所應，攝在根本三種真實。謂彼流轉、安立、邪行，依根本中遍計所執及依他起。實相、唯識、清淨、正行，依根本中圓成實立。

【校記】

⓵⓪ 「唯識真實」，依梵vijñapti，意為「了別」及「識」等。故真諦即譯之為「識」。玄奘於譯《解深密經》時，亦譯之為「了別」（了別真如 vijñapti-tathatā）。

⓵① 梵本於此句後，復言：「於《解深密經》之七種真如，即說此等。」（yāiva ca Sandhi-nirmmocana-sūtre sapta-vidhā tathatā nirddiṣṭā）奘譯諦譯均缺。

⓵② 此處奘譯有改文及移置。依梵本，頌文首句僅說「流轉」，但卻說其「真實」依於「二」性（故校譯譯為「流轉真實二」）。次句則說「安立與邪行」，是承上文，亦說為「二性」所攝。每句後有長行作釋，參⓵④。

⓵③ 奘譯有移置。依梵本，於頌首句及次句後，均有長行。奘譯將此兩節併入第三、四句後之長行。

又，釋論中詳舉「三自性相」。即「遍計依他相」（parikalpita-paratantra-lakṣaṇa），「圓成相」（pariniṣpanna-lakṣaṇa）。奘譯略為「遍計所執及依他起」等，未說為「相」。

【校疏】

不敗釋略言：流轉真如為十二緣起順逆二門所攝；實相真
如為三自性之空，如遍計之相無自性為無性空、依他之生
無自性為他空、圓成之勝義無自性為自性空；識真如謂八
識；安立真如為苦諦，並有苦、空、無常、無我等四種行
相；邪行真如為集諦，並有因、集、生、緣四種行相；清
淨真如為滅諦，並有滅、淨、妙、離四種行相；正行真如
為道諦，並有道、如、行、出四種行相。

流轉、安立、邪行三者，均為對遍計起執，成輪廻因，復
由依他轉入輪廻果，是故三者都為二性所攝。

實相、識、清淨、正行四者，圓成自性相攝。於中當知，
實相二無我義與清淨滅諦義，為無變圓成；通達八識與正
行道諦，為無倒圓成所攝。

不敗尊者

【論】善巧真實謂為對治十我見，故說有十種。云何於蘊等
起十我見耶？頌曰 ——

於蘊等我見[44]　執一因受者
作者自在轉　增上義及常　15
雜染清淨依　觀縛解者性[45]　16上

【諦譯】

一因及食者　作者及自在
增上義及常　垢染清淨依　15
觀者及縛解　此處生我見　16上

【校譯】

一因及受者　作者自在轉
增上義及常　雜染清淨依　15
觀修縛解者　是為諸我見　16上

【論】論曰：於蘊等十法起十種我見，一執一性、二執因
性、三執受者性、四執作者性、五執自在轉性、六執
增上義性、七執常性、八執染淨所依性、九執觀行者
性、十執縛解者性。為除此見，修十善巧。

【校記】

⁴⁴ 奘譯移置,將本頌末句移為首句,且略改文。依梵本,末句意為「是為諸我見」(ātma-darśana)。藏譯同,諦譯略同。

⁴⁵ 奘譯「觀縛解者性」,添「性」字。依梵本yogitva,意為「觀修者」、「觀行者」;amukta 及 muktatva 意為「受縛者」及「得解縛者」,皆無「性」義。藏譯、諦譯亦皆無「性」字。

【校疏】

為說十善巧真實，先談十我見，以十善巧之施設，即為別別相應除此十我見故。本論未綜列十善巧之名，僅於以下頌文中別別分說。今舉列如下：一蘊善巧、二界善巧、三處善巧、四緣起善巧、五處非處善巧、六根善巧、七世善巧、八諦善巧、九乘善巧、十有為無為法善巧。

此處先成立十我見，未說能對治彼等之善巧。今對此十我見略為解說。

1・執一，即將五蘊視為一〔整體〕，於是總執五蘊之整體為我。

2・執因，即將眼、耳等之能認知視為自我，即以我為因，才能認知外境。

3・執受者，即將能享受視為自我。此中包括具體的物質享受，與抽象的精神享受。

4・執作者，即將能作視為自我。我能作所作之事，故以為此作者必定是我。

5・執自在轉，此以能自在行動，自在思維者為自我。此即執人之活動能力為我。

6・執增上義，此即執人之支配力、決定力為我。任何事件或事物，皆有正反兩面，對其取向（贊成或反對、喜愛不喜愛等），認為有自我在增上（加強、決定）。

7・執常，此執所取為常，如執回憶，童年之事至老不忘，此能取「常所取」者，即便是我。

8・執雜染清淨依，謂若無有我，則無論雜染、清淨皆無

依止處，如是為善為惡都無主體。

9．執觀修者，謂於觀修中若無自我，則誰與觀修之法相應。故說與觀修相應者為我。

10．觀縛者與解者，此認定必有受縛者是故才有輪廻，必有受解者是故才有解脫，故此受縛解者即為自我。

【論】 云何十種善巧真實依三根本真實建立？以蘊等十，無不攝在三種根本自性中故。如何攝在三自性中？頌曰——

此所執分別　　法性義在彼[46]　　16下

【諦譯】

分別種類色　　法然色等三　　16下

【校譯】

彼所執分別　　以及法性義　　16下

【論】 論曰：此蘊等十，各有三義。

且色蘊中有三義者。一所執義色，謂色之遍計所執性；二分別義色，謂色之依他起性。此中分別以為色故；三法性義色，謂色之圓成實性。如色蘊中有此三義，受等四蘊、界等九法[47]，各有三義，隨應當知。

如是蘊等由三義別，無不攝入彼三性中。是故當知十善巧真實皆依根本三真實而立。

【校記】

[46] 此處梵 teṣu te，為位置詞，此承長行而言，即謂彼〔十善巧〕具有所執、分別、法性三義。真諦譯失此義，且譯「所執、分別」為「分別、種類」，可商榷。

[47] 「受等四蘊、界等九法」有增文。梵本無「九法」一詞，且於「界」下更列「處」之名，言「界、處等」。

【校疏】

不敗釋簡明。彼云：若能通達十種善巧，則已攝盡一切所知法。本頌即為一例。

此以蘊善巧為例，說十善巧都具有三根本自性。

按，世親於《三自性判定》（*Trisvabhāva-nirdeśa*）中說言（依拙譯）——

　　有無與二一　　雜染清淨等
　　能相所差別　　此自性甚深

此即謂遍計等三自性，具有與無、二與一、淨與染等差別。就這重意義來說，可謂三自性平等。然而，於平等的基礎上亦有差別，那就是《攝大乘論》（*Mahāyānasaṃgraha*）之所說 —— 一者以依處為能相，是即依他；二者以遍計為能相，是即遍計；三者以法性為能相，是即圓成。

本論以蘊為例，說有三義，即據此三能相差別而說。亦即，對於蘊，可依三能相為其施設三義。由遍計知所執義、由依他知分別義、由圓成知法性義。

以蘊為例，餘善巧可知。

【論】如是雖說為欲對治十種我見，故修蘊等善巧，而未說
此蘊等別義。且初蘊義云何應知？頌曰 ——

非一及總略　　分段義名蘊[48]　17上

【諦譯】

不一及總舉　　差別是陰義　17上

【校譯】

非一及綜合　　別別義從初　17上

【論】論曰[49]：應知蘊義略有三種：一非一義，如契經言，
諸所有色等，若過去、若未來、若現在；若內、若
外；若粗、若細；若劣、若勝；若遠、若近。

二總略義，如契經言：如是一切，略為一聚。

三分段義，如契經言：說名色蘊等，各別安立色等相
故。由斯聚義，蘊義得成。又見世間聚義名蘊。

【校記】

[48] 奘譯改文。依梵本，無「**名蘊**」一詞。其「**從初**」
（ādita）一詞則玄奘未譯（諦譯亦同奘譯）。

[49] 奘譯有三段說「**如契經言**」，諦譯則於第一段亦說「**如經
中說**」，唯校梵本，則無「**如契經言**」，且整段長行甚為
簡略，茲全文直譯，以便比較 ——

初，如是時，應知蘊有三種義：一、非一義者，謂所
有諸色，若過去、若未來、若現在等，如爾廣說。

二、綜合義者，謂種種色總攝為一聚。

三、別別義者，謂諸色性相別義，互無相攝。

由此「聚」義，「蘊」義得成，是即見世間聚義。

由此對比，或可認為今梵本應與奘譯及諦譯者有異。

【校疏】

以蘊為例，說十善巧別別具三種義，故頌文說為「從初」，是即從十善巧之「初」（蘊善巧）先說起。

此三種義，非一（an-ekatva）者，即謂其為多義，以多義故，即是非一，由是不能執「蘊」為我。若執蘊為我，則其為屬於物質之色蘊，抑或屬於精神之受蘊等耶。

綜合（abhisaṃkṣepa）者，即謂其為總義（古代無「綜合」一詞，故奘譯為「總略」、諦譯為「總舉」），如種種色攝為一聚，綜合而說為色蘊。由是不得任指一所緣色（如皮膚）以為我。

別別（pariccheda）者，諸蘊及諸色各具體性，別別不同，故不得綜言之為「蘊」（如色蘊）而說之為我。

安慧疏言，此三義者，初由「聚」義說為非一、次說「聚」即是綜合、最後說此綜合中有別別不同性相，由是破執蘊為我之三種愚。於「一」愚、於「種種色等能綜合」愚、於「能相之相融」愚。

故由「聚」義可成立「蘊」，然亦由聚義破執一以為我。聚僅為綜合而成一似整體，此如水油；而非互攝而成一不可分之整體，此如水乳。

【論】 [50]已說蘊義，界義云何？頌曰 ——

　　　　能所取彼取　　　種子義名界[51]　17下

【諦譯】

　　　　能取所取取　　　種子是界義　　17下

【校譯】

　　　　餘為能所取　　　取事種子義　　17下

【論】 論曰：能取種子義，謂眼等六內界[52]；所取種子義，
　　　謂色等六外界；彼取種子義，謂眼識等六識界。

【校記】

[50] 此句為奘譯增文。增文後有利有弊。利為令人易讀，弊處卻在有此一句作間隔。文意便不銜接。見下[52]說。

[51] 梵無「名界」一詞，若將此將此兩句頌譯為長行，可譯為：「餘者許為能取・所取、取事種子義」，是即「取」之三輪。說此頌句後，始於釋論說內界、外界、識界等。

此說「餘者」，承上頌而言，即謂於上說蘊之外，尚有其餘。其後說善巧諸頌略同，由「餘」、「復次」等引起頌文。

[52] 梵未說「六內界」等，僅云：「以眼為首之根等取持」。餘外界、識界略同。奘譯增文令明。

【校疏】

頌句曰「餘為」者，緊接前文，謂除所說蘊善巧外，於其餘，說為能取所取取事等。如是云云。

能取、所取、取事是為三輪。此三輪之種子，即分別為內六界、外六界、識六界，綜合名為十八界。安慧疏言，眼、色等諸業，熏阿賴耶識中習氣，如是阿賴耶識本身即可說為「界」，而非說眼等為界。如是由相續義，可說前眼為後眼之因、前色為後色之因、前識為後識之因。由是不可說以因為我，以「我」無前後故。故於界若能善巧，則能除執因之我見。

【論】已說界義，處義云何[53]？頌曰 ——

　　能受所了境　　　用門義名處[54]　　18上

【諦譯】

　　受塵分別用　　　入門故名入　　18上

【校譯】

　　復次為受用　　　了別境為門　　18上

【論】論曰：此中能受受用門義，謂六內處；若所了境受用門義，是六外處。

【校記】

[53] 梵本無此句。以頌文有「復次」（apara）一詞，是即引起「處義」。此同前例。參[51]及[52]。

[54] 梵本無「**名處**」。僅言「復次」。（校譯依漢語法，將此詞移置於句首，如17下。以下不復說明。）

【校疏】

此說處善巧，所對治為執受者性為我。

十二處（十二入），從「眼處」至「意處」為六內處，是能受用，以其能受用外境，領受苦樂故；從「色處」至「法處」為六外處，是所受用、所了別境。以有色等境始能有對彼等之了別故。

由是知一切唯心識分別與心識領受。心識相續，前前引生後後，故不得以心識之領受與分別成立自我。

【論】　[55]已說處義，緣起義云何？頌曰 ——

　　　　緣起義於因　　果用無增減[56]　18下

【諦譯】

　　　　因果及作事　　不增損為義　　18下

【校譯】

　　　　復說因果用　　無增亦無減　　18下

【論】　論曰：於因、果、用，若無增益及無損減，是緣起義
　　　　應知。此中增益因者，執「行」等有不平等因；損減
　　　　因者，執彼無因。增益果者，執有「我行」等緣「無
　　　　明」等生；損減果者，執「無明」等無「行」等果。
　　　　增益用者，執「無明」等於生「行」等有別作用；損
　　　　減用者，執「無明」等於生「行」等全無功能。

　　　　若無如是三增減執，應知彼於緣起善巧。

【校記】

⁵⁵ 梵僅云：「緣起義者」（pratītyasamutpādārthaḥ）。

⁵⁶ 奘譯因增「**緣起義**」一詞，故兩句頌文須連讀。

【校疏】

執我為「作者」，故須善巧緣起以除其我見。

此云，於十二緣起之因、果、用皆須無增益與減損，是則能稱為善巧。

不敗釋言，緣生分內外。內者，謂一切有情依「無明」乃至「老死」的十二緣起而生死；外者，謂如依種子生芽等。

此內外緣生，都有因、果、用的增益與減損。此如 ——

非因增益為因者，例如說大自在天或時間有情的作者；因減損為非因者，如謂業感非有情生因。

非果增益為果者，例如說大自在天為情器世間之生因，果損減為非果者，如是無輪廻、無業之異熟果。

非用增益為用者，如謂無明緣生行等，為作者之用意；用損減為非用者，如說因不能生果，因原無生果之功能。

如是等等，能離增損二者，即謂於緣起善巧。

【論】⁵⁷已說緣起義，處非處義云何？頌曰 ——

於非愛愛淨　　俱生及勝主
得行不自在⁵⁸　　是處非處義　　19

【諦譯】

不欲欲清淨　　同生及增上
至得及起行　　繫屬他為義　　19

【校譯】

復說不欲欲　　淨俱生勝主
證得與現行　　皆不自在義　　19

【論】論曰：處非處義，略由七種不得自在，應知其相。

一於非愛不得自在，謂由惡行，雖無愛欲而墮惡趣；二於可愛不得自在，謂由妙行，雖無愛欲而昇善趣；三於清淨不得自在，謂不斷五蓋，不修七覺支，決定不能作苦邊際；四於俱生不得自在，謂一世界無二如來，二轉輪王俱時出現；五於勝主不得自在，謂女不作轉輪王等；六於證得不得自在，謂女不證獨覺無上正等菩提；七於現行不得自在，謂見諦者，必不現行害生等事，諸異生類容可現行。《多界經》中廣說此等⁵⁹，應隨決了是處非處。

【校記】

57 梵本無此段。

58 梵 pāratantra，可譯為「緣起」、「依他」（藏譯取此義）、「繫屬」（諦譯取此義），然於此處，意譯為「不自在」最確。

59 《多界經》（*Bahu-dhātuka-sūtra*），漢譯名《四品法門經》，宋・法賢譯，一卷。（大正17，頁312）

【校疏】

處非處善巧破執以「自在轉」為我。自在轉者以一己之活動能力為自在，故以處非處說七種不自在以破之。

處非處者，謂「是處」與「非處」。此如得人身為是處、得畜生身為非處，此即業力因果所繫屬。由業繫屬，是故不得自在。人之自以為自在者，其實自在範圍甚為狹小。

《四品法門經》中廣說處非處之不得自在，世親於此列為七種——

一不欲，如不欲墮惡趣，但由於惡行，必墮惡趣，是為「是處」，此非不欲即可免，故不自在。

二欲，如造善業者，生於人天，是為「是處」，此非唯欲即能生善趣，故亦不自在。

三清淨，謂人若不斷煩惱，而說能證七覺支，能盡苦邊際（離諸苦），是為「非處」。若斷煩惱而證覺，是為「是處」。如是亦非由自在可得。

四俱生，謂世間有二佛出、有二轉輪王出，無有是處（即「非處」）。是亦不自在。

五勝主，如謂女人不得作轉輪王，即為「非處」。故欲成勝主不得自在。

六證得，如謂女人能證獨覺、能證無上正等菩提，即是「非處」，於證得不自在。

七現行，若正見人造五逆，如殺父母、以至出佛身血，即是「非處」；而邪見、異生（禽獸）作此，即為「是處」，此亦不自在。

所謂處非處，總括而言，即是因果關係。具有此因，若生此果，其為合理，即是「是處」，若不合理，即是「非處」。既由因果決定，是故人的自主性便有限，所以不能將自主之力當成自我。

【論】 ⁶⁰如是已說處非處義，根義云何？頌曰 ——

　　根於取住續　　　用二淨增上⁶¹　20上

【諦譯】

　　取住及相接　　　受用二清淨　　20上

【校譯】

　　取住與接續　　　受用二清淨　　20上

【論】 論曰：二十二根依於六事增上義立，謂於取境眼等六
　　　根有增上義；命根於住一期相續有增上義；男女二根
　　　於續家族有增上義；於能受用善惡業果樂等五根有增
　　　上義；於世間淨信等五根有增上義；於出世淨未知等
　　　根有增上義⁶²。

【校記】

⁶⁰ 依梵本，應云：「復次，二十二種根」（indriyaṃ punar dvāviṃśati-vidham）。奘譯改文。

⁶¹ 梵本無「增上」一詞，奘譯增文。

⁶² 論中奘譯有改文。梵本謂根於某事作增上，奘譯則改為根於某事有增上義。此參諦譯可知。如諦譯云：「〔根〕為能取六塵事增上故」，奘譯則云：「謂於取境眼等六根有增上義」。諦譯較合梵本。

【校疏】

所謂二十二根，實為於事能作增上之二十二種法。即眼、耳、鼻、舌、身、意等能取境六根；男根、女根二相續根；命根為住一期壽命之根；苦、樂、喜、憂、捨等五受用根；信、勤、念、定、慧等五善根；未知當知、已知、具知等三無漏根，共為六類。

說根善巧，即謂於事作增上者為根，不能說二十二根若總若別為「我」，由是以「增上」為我即不得成。

【論】 [63]已說根義，世義云何？頌曰 ——

因果已未用　　是世義應知[64]　20下

【諦譯】

果因已受用　　有用及未用　20下

【校譯】

其後為因果　　已用未用義　20下

【論】 論曰：應知因果已未受用，隨其所應三世義別。謂於因果俱已受用，是過去義；若於因果俱未受用，是未來義；若已受用因未已受用果，是現在義。

【校記】

63 梵本長行無此句，故下頌文加「其後」（apara）。

64 梵本無此句，奘譯增文。

【校疏】

此以世善巧破執常（常所取）為我。世，即是時間，三世，即是過去、現在、未來。然則如何分別三世？如頌所言，以因果之已用來用而說。

若因已用，果亦已用盡，是為過去；因未用，果亦未用，是為未來；唯若因已用，而果尚未用盡，是為現在。

此中說「已用盡」，乃據梵 upayogāt 一詞而言，此字為 upayoga 之「奪格」，故有「完」、「盡」之義。校譯受字數限制，未能譯出此義。

一切世法皆依因果安立，因果隨時變遷，是即無常，如是即破執常為我，以常不能成故。

【論】 [65]已說世義，諦義云何？頌曰 ——

受及受資糧[66]　　彼所因諸行
二寂滅對治[67]　　是諦義應知　　21

【諦譯】

受及受資糧　　為生彼行因
滅彼及對治　　為此不淨淨　　21

【校譯】

受與其所相　　及諸行因相
如是滅此者　　對治理復說　　21

【論】 論曰：應知諦者即四聖諦。一苦聖諦，謂一切受及受資糧。契經中說，諸所有受皆是苦故。受資糧者，謂順受法[68]。二集聖諦，謂即彼苦所因諸行。三滅聖諦，謂前二種究竟寂滅。四道聖諦，謂即苦、集能對治道。

【校記】

⑥⑤ 梵本無此句。藏譯、諦譯亦無。

⑥⑥ 梵sanimitta，真諦譯為「受資糧」，奘譯沿用。鄙意，此應譯為「其（sa）所相（nimitta）」，即受之所相，是即從屬於受之一切行相。　此詞應是世親自創，故於下來釋論中復有解說。參下⑥⑨。

⑥⑦ 「二寂滅對治」，梵無「二」字（故諦譯為「滅彼」）。復次，「對治」，宜依梵　pratipakṣārtha-yogād，譯為「對治理」。

⑥⑧ 此處「受資糧者，謂順受法」，諦譯為「受資糧，受生緣」，藏則譯為「受所依」即謂受之生因。按，此以「順受法」為最確。梵於此云：vedanā-nimittaṃ punar vvedanā-sthānīyā dharmmā veditavyāḥ，即云「受所相，復為順受諸法應知」。此中sthānīyā意為「隨順」，然亦可解為「助」，諦譯或因此「助」義說為「生緣」。

【校疏】

此以諦善巧破執雜染清淨之依處為我。四聖諦，以苦、集二諦為雜染；滅、道二諦為清淨，今說此四諦，實以受及其所相（從屬於受之一切行相）為雜染，以其對治之理為道，是成清淨，除此之外，更不能有何者建立，由是不能以受為我，更不能以其法治理為我，如是我執即破。

【論】 [69]已說諦義，乘義云何？頌曰 ——

　　由功德過失　　　及無分別智
　　依他自出離　　　是乘義應知[70]　22

【諦譯】

　　得失無分別　　　智依他出離
　　因智自出離　　　　　　　　　22三句

【校譯】

　　功德與過失　　　及無分別智
　　自他智出離　　　　　　　　　22三句

【論】 論曰：應知乘者，謂即三乘，此中如應顯示其義。

　　若從他聞涅槃功德、生死過失而起此智[71]。由斯智故得出離者，是聲聞乘。

　　不從他聞涅槃功德、生死過失，自起此智，由斯智故得出離者，是獨覺乘。

　　若自然起無分別智。由斯智故得出離者，名無上乘[72]。

【校記】

[69] 梵本無此句，諦譯、藏譯亦無。

[70] 原頌三句（第四句歸入下頌），奘增第四句。

[71] 「**此智**」，未說明為何等智，若連頌文而讀，易解為無分別智。然頌文實說兩種，一者涅槃輪迴功德過失智、二者無分別智。聲聞與緣覺得前者而出離，大乘則得後者而出離。故諦譯分別說為：「**應知涅槃及生死功德過失觀智**」及「**依無分別智自出離因果**」。

[72] 應作「大乘」。梵作 mahāyāna。

【校疏】

不敗釋略云：對涅槃功德與輪迴過失二者，於上師前聽受後，了知其自性，獲得寂滅輪迴果者，為聲聞乘。

不須依上師，僅以自力了知而得寂滅果者，為緣覺乘。

對輪涅之過失與功德無分別，通達大平等性，得無住大涅槃者，稱為大乘。

由是知二乘之智非為輪迴無分別智。

安慧疏亦分兩種智而說：一者、涅槃功德與輪迴過失智；二者、證知輪涅二者離言說，即無分別智。

兩種智，前一智有依他與自證二種，後一智亦為自證，唯於自證前則須依止上師，故為「自他」。此即依他依自依自他三種相，相應三乘。

此破依觀修為我。安慧言：「如是於三乘善巧者，觀見唯是觀修，即離觀修之我。」

【論】⁷³已說乘義，云何有為無為法義？頌曰 ——

> 有為無為義⁷⁴　　謂若假若因
> 若相若寂靜　　若彼所觀義⁷⁵　23

【諦譯】

> 有言說有因　　　　　　　22第四句
> 有相有為法　　寂靜義及境
> 後說無為法　　　　　　　23三句
> （長行）
> 此十名真實　　　　　　　23第四句

【校譯】

> **假名因及相**　　　　　　22第四句
> **寂滅境與義**　　**至此已説竟**　23半頌

【論】論曰：應知此中「假」謂「名」等。「因」謂種子所
攝藏識。「相」謂器身並受用具，及轉識攝意、取、
思惟 —— 意謂恆時思量性識⁷⁶；取謂五識，取現境
故；思惟即是第六意識，以能分別一切境故。

如是，若假、若因、若相及相應法，總名有為⁷⁷。

若寂靜者⁷⁸，謂所證滅及能證道，能寂靜故。彼所觀義
謂即真如，是寂靜道所緣境故。

如是所說若諸寂靜、若所觀義，總名無為應知。

此中緣蘊等十義，所起正知，名蘊等善巧。

真實總義略有二種，謂即能顯、所顯真實。能顯真實謂即最初三種根本，能顯餘故。所顯真實謂後九種，是初根本所顯示故。所顯九者——

一離增上慢所顯真實（按：即相真實）。

二對治顛倒所顯真實（按：即無顛倒真實）。

三聲聞乘出離所顯真實（按：即因果真實）。

四無上乘出離所顯真實，由粗能成熟、細能解脫故（按：即粗細真實）。

五能伏他論所顯真實，依喻導理[1]降伏他故（按：即極成真實）。

六顯了大乘所顯真實（按：即淨所行真實）。

七入一切種所知所顯真實（按：即攝受真實）。

八顯不虛妄真如所顯真實（按：即差別真實）。

九入我執事一切秘密所顯真實（按：即善巧真實）。

---

[1]　《藏要》為「依喻道理」。

【校記】

73　梵本無此句,藏譯、諦譯亦無。

74　頌文無此句。此乃依梵本釋論首句「有為無為者」
　　（saṃskṛtāsaṃskṛitaṃ）而造,故於譯論,奘譯即略去此首
　　句。

75　「若彼所觀義」,亦依梵釋論中句而造。梵本僅作sārthāt
　　(=sārthaka),意為「有此義」,即謂有寂靜義。

　　又,梵頌末句　paścimaṃ　samudāhṛtaṃ（意為「最後已說
　　竟」,奘譯缺。諦譯則增文作「後說無為法」（其後更增
　　文一句「此十名真實」）。

　　梵文頌文僅二十二頌半。奘譯及諦譯皆增文湊足為二十三
　　頌。

76　梵作「恆時思量之意」（mano yan nityaṃ manyanākāra,指
　　第七識）,與「分別意識」（vikalpo manovijñāna,指第六
　　識）。奘譯此二句有增文。

77　梵此句在說第七、前五、第六識一段之前,參諦譯即知。

78　校梵本及藏譯,此節奘譯全用意譯,故句序與梵本不同。
　　若依梵本,可譯為 ——

　　　無為法者為寂靜,即寂滅境,及意為如如之寂靜
　　　義。寂靜義者,滅諦;寂靜境者,如如道諦,以道
　　　亦是寂靜故。

【校疏】

此將有為法及無為法攝於五法（相、名、分別、正智、如如），此中「分別」即「因」，寂靜境即「正智」、寂靜義即「如如」。

此中有為法者，假名為世俗名言安立；因即阿賴耶識，於種種習氣界中顯現一切法；相即假名安立之基，包括外境顯現及身顯現。

此中無為法者，即為所證之寂靜境，及所觀之寂靜義。

不敗釋則言：道之自性其實是生滅法，是故不能安立為無為法真實。現在論主世親如是安立，是因為道能寂滅，是故亦將之攝入寂靜之中。

不敗尊者提出這點，代表了「瑜伽行中觀」跟「瑜伽行派」在理論上的差別。那是站在緣起的立場來說，於修行道時，其實未離緣起，那就不能說之為無為法，也可以說，瑜伽行中觀只將道看成是成就無為法的因，而只有得到道果，能成寂滅，那才能成為無為法。

由此可見瑜伽行中觀宗對緣起的嚴格。

本段為說十善巧真實之最後，故至此十善巧已說竟。本段所說，詮釋云何受縛、云何得解。前者依於有為法，後者依於無為法。由是破執縛者或解者為我。

《大乘辨中邊論》第三〈辨真實品〉竟

辨修對治品第四

辨修對治品第四[1]

【論】已辯真實，今次當辯修諸對治，即修一切菩提分法。

此中先應說修念住。頌曰 ——

以粗重愛因　　我事無迷故[2]
為入四聖諦　　修念住應知　　1

【諦譯】

粗行貪因故　　種故不迷故
為入四諦故　　修四念處觀　　1

【校譯】

粗重及愛因　　與實事無迷
為入四聖諦　　是故修念住　　1

【論】論曰：粗重由身而得顯了，故觀察此入苦聖諦。身以有粗重諸行為相，故以諸粗重即行苦性，由此聖觀有漏皆苦。

諸有漏受說為愛因，故觀察此入集聖諦。

心是我執所依緣事，故觀察此入滅聖諦。

怖我斷滅由斯離，故觀察法，故於染淨法遠離愚迷入道聖諦。

是故為入四聖諦理，最初說修四念住觀。

【校記】

[1] 梵第四品，名〈第四辨對治、修分位、得果品〉（*Pratipakṣa-bhāvanā-avasthā-pariccedaḥ　caturthaḥ*）奘譯將之分為三品，即本品及〈辨修分位品第五〉及〈辨得果品第六〉。

[2] 梵vastutva，意為「實事」。奘譯為「我事」乃依釋論所說義而意譯。

【校疏】

三十七菩提分若依五道分位，四念住為下品資糧道，即初入四聖諦者。

於此分位，須於三種無迷，即粗重無迷、愛因無迷、實事無迷。

粗重諸行從屬於身，身為習氣之基，以一切有漏行皆緣於習氣故。由是知諸有漏行（粗重行）即入苦諦，以有漏皆苦故。

受者，為愛之因，觀察愛因即入集諦。

實事者，緣於心之所執，心識執心識為我，由是我與我所皆成實事。故知心是我執之依處，觀察此心即入滅諦，而無畏懼「我滅」之怖。

復由上三事之觀察，能了知染淨，即入道諦。

如是即為四念住。依次為身念住、受念住、心念住、法念住。

【論】已說修念住③，當說修正斷。頌曰 ——

> 已遍知障治　　一切種差別
> 為遠離修集　　勤修四正斷④　2

【諦譯】

> 已知非助道　　一切種對治
> 為上二種故　　修習四正勤　2

【校譯】

> **遍知所對治**　　**一切能對治**
> **遠離或精勤**　　**應四重正起**　2

【論】論曰：前修念住，已能遍知一切障治品類差別，今為遠離所治障法，及為修習能對治道。於四正斷精勤修習，如說已生惡不善法為令斷故，乃至廣說。

【校記】

③ 梵僅言：「彼修正斷」，未說「已說修念住」，此為奘譯增文。　以下各頌同例，不復一一校出。

④ 梵譯本頌用詞，多可商榷處。

「一切種」，梵作sarvathā，意為「一切種類」，奘隨順諦譯，譯為「一切種」，易生誤解。且，此句「一切種類」指一切種類能對治，原屬次句，今將「治」（對治）移入上句，又增「差別」一詞湊足次句，反不如諦譯之清晰。

「為遠離修集」，意謂「遠離所對治（障）」，「修集能對治（治）」。梵 tadapāyāya vīrya，意為「為遠離」障而「精勤」於能對治。今將「精勤」譯為「修集」，未安。

「勤修四正斷」為意譯，梵 caturddhā saṃpravarttate，意為「四重正起」，起，即轉起之意，亦即「起心動念」之「起」。

【校疏】

中資糧道修四正斷，是即1・已生惡令永斷；2・未生惡令不生；3・未生善令生起；4・已生善令增長。

此四重起心，前二種為遠離所對治；後二種為精勤能對治。

【論】已說修正斷，當說修神足。頌曰 ——

依住堪能性　　為一切事成
滅除五過失　　勤修八斷行[5]　3

【諦譯】

隨事住於彼　　為成就所須
捨離五失故　　修習八資糧　　3

【校譯】

依住堪能性　　一切義成就
為除五過失　　修成八斷行　3

【論】論曰：依前所修離集精進[6]，心便安住，有所堪能。
為勝事[7]成修四神足，是諸所欲勝事因故。

住謂心住，此即等持。故次正斷說四神足。

此堪能性，謂能滅除五種過失，修八斷行。

【校記】

⑤ 梵 sarva-arthānāṃ samṛddhaye，通常譯為「一切義成」。成就一切義與成就一切事，細究則不同。

⑥ 梵apāyāya-vīrya，即上頌之遠離與精勤。奘譯於上頌作「遠離修集」，此處作「離集精進」。

⑦ 梵無「勝事」一詞。（僅謂堪能修四神足）

【校疏】

此說上品資糧道之所修。四神足者，即欲神足（如意足）、精進神足、念神足、思維神足。依於上來所說，修四正斷精進，心便能安住於所緣境，即心得調伏，有所堪能。

如是，修能滅除五種過失之八斷行，即為成就四神足之因。令心能安住於所堪能之等持。

既以能滅五失之八斷行為因，故下來即說此二者。

【論】何者名為五種過失？頌曰 ——

> 懈怠忘聖言　　及惛沉掉舉
> 不作行作行　　是五失應知　　4

【諦譯】

> 懈怠忘尊教　　及下劣掉起
> 不作意作意　　此五失應知　　4

【校譯】

> **懈怠忘尊教　　及昏沉掉舉**
> **不調治調治　　是五失應知　　4**

【論】論曰：[8]應知此中惛沉掉舉合為一失。若為除滅惛沉掉舉不作加行[9]，或已滅除惛沉掉舉復作加行，俱為過失。

【校記】

[8] 於此句前，諦譯云：「懈怠者，沒嬾惡處；忘尊教者，如師所立法名句等，不憶不持故」。梵本無此，應為諦譯增文。

[9] 「加行」，梵saṃskāra，非觀修之加行義，僅為「調治行」。如備餐餐之調味，裝飾之插花等（故諦譯為「作意」）。此處可略去「行」字，譯為「調治」。

【校疏】

五過失，能障成就等持。

不敗釋言：懈怠與忘失等持之教言，二者為障等持之前行。障等持之正行為昏沉掉舉。如理對治而作行，即調治行，應作不作，不應作猶作，是障等持之最大者。

【論】 為除此五，修八斷行[10]。云何安立彼行相耶？頌曰——

〔為斷除懈怠　修欲勤信安〕[11]
　即所依能依　　及所因能果　　5（5上）
〔為除餘四失　修念智思捨〕
　記言覺沉掉　　伏行滅等流[12]　6（5下）

【諦譯】

　依處及能依　　此因緣及果　　5上
　（長行）
　緣境界不迷　　高下能覺知　　5中
　滅彼心功用　　寂靜時放捨　　5下

【校譯】

　所依復能依　　即所因能果　　5上
　（長行）
　無忘所緣境　　沉掉隨覺知　　5中
　離此而觀修　　寂靜滅等流　　5下

【論】 論曰：為滅懈怠修四斷行。一欲、二正勤、三信、四
輕安。如次應知，即所依等[13]。所依謂欲，勤所依
故；能依謂勤，依欲起故。所因謂信，是所依欲生起
近因；若信受彼，便希望故。能果謂安，是能依勤近
所生果。勤精進者，得勝定故。

為欲對治後四過失，如數修餘四種斷行。一念、二正
知、三思、四捨。如次應知，即記言等[14]。記言謂
念，能不忘境，記聖言故；覺沉掉者謂即正知，由念

記言便能隨覺惛沉掉舉二過失故；伏行謂思，由能隨覺沉掉失已，為欲伏除，發起加行；滅等流者，謂彼沉掉既斷滅已，心便住捨，平等而流。

【校記】

[10] 梵本於此句後，尚有一節，說初四斷行（欲、正勤、信、輕安）除懈怠，奘譯將之移置入頌後一段釋論，並將之改為頌句，增入第5頌。

[11] 如上所述，此兩句頌文本為長行，奘譯增文。下頌亦然（今用括號將之括出）。

[12] 梵頌5共有六句，奘譯將此衍為二頌（八句）。但其中有四句為增文（括號內者），故等如用四句頌來譯梵本之六句。此即用「記言覺沉掉，伏行滅等流」二句來譯「校譯」5中、5下四句。由是即多省略，今列舉對照如下──

梵 ālambane asaṃmoṣa 記言（「無忘所緣境」）
梵 laya-uddhatya-anubuddhyanā 覺沈掉（「沉掉隨覺知」）
梵 tad-apāyābhisaṃskāra 伏行（「離此而觀修」）
梵 śāntau praśaṭha-vāhitā 滅等流（「寂靜滅等流」）

故此處標為第五頌者，實為頌 5 上二句；標為第六頌者，實為頌 5 下二句。

[13] 梵本無此一節。

[14] 奘譯此節移置，原在頌 5 中之前。（奘譯復撮長行大意，將之改為二頌句。）

【校疏】

不敗釋言：「斷除懈怠的四種對治，為信、欲、正勤、輕安。成就輕安則不生懈怠。成就輕安須以正勤、正勤須以對等持之欲以成就、欲依於對等持之信解。是故正勤之所依即為尋求等持之欲，欲以信為因，正勤之果即是輕安。」

「復次，斷除其餘四過失者，其對治依次為正念、正知、思、捨四斷行。正念不忘教言境（所緣境）、正知能覺知沉掉生起、以思而作對治行、以捨而於沉掉寂靜時不再作對治，唯心平等住。」

此釋可補充世親釋論餘義。

【論】已說修神足，當說修五根。所修五根云何安立？頌曰

已種順解脫　　復修五增上[15]
謂欲行不忘　　不散亂思擇　　7

【諦譯】

已下解脫種　　欲事增上故
境界不迷沒　　不散及思擇　　6

【校譯】

已種順解脫　　欲與行增上
所緣境不忘　　不散亂抉擇　　6

【論】論曰：由四神足心有堪能，順解脫分善根滿已復應修
習五種增上。一欲增上、二加行增上、三不忘境增
上、四不散亂增上、五思擇增上。此五如次第即信等
五根。

【校記】

[15] 梵本無此句，僅說欲、行二增上（梵 cchanda-yogādhipatyata ca）。

【校疏】

此說修五根。五根者：一信根、二精進根、三念根、四定根、五慧根。今說應由五增上以修五根，即由欲增上修信根‧行增上修精進根、不忘所緣境增上修念根、不散亂增上修定根、抉擇增上修慧根。

謂「已種順解脫」，意謂於修四神足後，能生起順解脫分，此即說此時行者分位已在加行道暖、頂二位。

於五增上中之念根，安慧疏說為「憶念」，不同於一般解釋為「記憶不忘」。說為憶念，乃瑜伽行派修轉依之過程，行者依所緣境憶念觀修時之所緣，由識境悟入智境。故須由「不忘所緣境增上」而修（因安慧疏此說可糾正通途之誤解，故特為引出）。

又，五增上之抉擇增上，梵本為 vicayasya，奘及諦譯均作「思擇」，今此詞已通途譯為「抉擇」，突顯其簡別之意。

【論】 已說修五根，當說修五力。何者五力、次第云何？頌
曰——

即損障名力[16]　　因果立次第[17]　　8上

【諦譯】

說力損惑故　　前因後是果　　7上

【校譯】

能損所對治　　　　　　　　7首句
（長行）
前引後勝果　　　　　　　　7次句
（長行）

【論】 論曰：即前所說信等五根，有勝勢用，復說為力。謂
能伏滅不信障等，亦不為彼所陵雜故。

此五，次第依因果立，以依前因引後果故。

謂若決定信有因果，為得此果，發勤精進；勤精進
已，便住正念；住正念已，心則得定；心得定已，能
如實知；既如實知，無事不辦。故此次第依因果立。

【校記】

[16] 依梵本，應譯為「能損所對治」（vipakṣasya hi saṃlekhād）。玄奘與真諦皆用意譯，以便於頌文中明說「力」名。

[17] 梵 pūrvvasya phalam uttaraṃ，意為居前者引出後者較勝果（故諦譯為「前因後是果」）。

又，於此句前有長行，略同釋論中「*即前所說信等根......*」一節。其後又有長行即略同「*此五，次第依因果立......*」一節。

【校疏】

安慧疏言：「能損所對治」者，即使所對治分成為極微弱，此等所對治分，即未淨信，懈怠、失憶念、散亂、無隨時不失正知等。論言：「亦不為彼所凌雜者」，即因所對治分已極甚微弱，故不成雜障，由是即可說為淨信等。如是即名此功能為「力」。

依因果者，謂以淨信為因，得精進勤修果等。此即顯示諸順抉擇分，亦即總顯示五根與五力。

【論】如前所說，順解脫分既圓滿已，復修五根，何位修習
順決擇分，為五根位、五力位耶？頌曰 ——

順決擇二二　　在五根五力[18]　8下

【諦譯】

二二通達分　　五根及五力　　7下

【校譯】

二二順抉擇　　謂根以及力　　7下

【論】論曰：順決擇分中，暖、頂二種在五根位，忍、世第
一法在五力位。

【校記】

[18] 梵本無二「五」字。諦譯亦為增文。

【校疏】

安慧疏云：「此等一切順抉擇分者，以三摩地及般若為自性。」

復言：「此中暖之行相，即是暖位，喻如依一切煩惱為薪，即暖生起，以道上火能燃煩惱故。於諸善根發動至巔峰，是為頂位。於諦實義能極善忍，是為忍位。雖仍為有漏，但已較其他有漏為勝，是世第一位。於此位中，無間證見道故。」

【論】已說修五力，當說修覺支。所修覺支云何安立[19]？頌
曰——

覺支略有五[20]　　謂所依自性
出離並利益　　及三無染支　　9

【諦譯】

依分自體分　　第三出離分
第四功德分　　三種滅惑分　　8

【校譯】

所依與自性　　第三出離支
功德支第四　　及三無染支　　8

【論】論曰：此支助覺，故名覺支。由此覺支位在見道[21]。
廣有七種，略為五支：一覺所依支，謂念；二覺自性
支，謂擇法；三覺出離支，謂精進；四覺利益支，謂
喜；五覺無染支。此復三種，謂安、定、捨。

【校記】

[19] 此處「所修覺支云何安立」為增文。

[20] 「覺支略有五」為增文。

[21] 奘譯此處意譯，故對原文有增刪。依梵本，僅云：「見道所覺支分，即為覺支。」（darśana-mārgge bodhāv aṅgāni bohy-aṅgāni）

又，諦釋於此句下，增文云：「無分別如如智，是名覺。分者何義？同事法朋是名分義。」

【校疏】

於見道位，說七覺支。即一念覺支、二擇法覺支、三精進覺支、四喜覺支、五輕安覺支、六定覺支、七捨覺支。後三者又總攝為無染覺支。

念者，能憶念所修道法，為一切利益（功德）所依處。故說為所依覺支。

擇法者，見真實智慧為見道自性，故說為自性覺支。

精進者，能出離一切相違，故說為出離覺支。

喜者，為道所成就之功德，故說為利益覺支。

餘輕安、定（三摩地）、捨，稱為無染支。

【論】何故復說無染為三？頌曰 ——

由因緣所依　　自性義差別
故輕安定捨　　說為無染支[22]　10

【諦譯】

因緣依處故　　自性故言說　9上

【校譯】

説為因緣故　　所依及自性　9上

【論】論曰：輕安即是無染因緣，粗重為因，生諸雜染，輕安是彼近對治故。　所依謂定；自性即捨。故此無染義別有三。

【校記】

[22] 此處奘譯增文湊成一頌。梵本僅半頌，參諦譯及校譯。
又，諦譯完全依梵本直譯，所以將「說為」（deśita）一
詞置於句末（作「故言說」）。

【校疏】

安慧疏言：「證〔初地〕見道說為諸菩提分者，乃依未證
真實，唯由此始證見而說。於順抉擇分時之證知，猶有一
塵之隔，至證見道時，則盡除遣而證知。」由是說輕安對
治粗重，以此而成除遣因緣。於是復以禪定為所依，由能
斷道斷離所應斷離之煩惱，能淨之般若決定生起，此即為
見道之自性。

按，瑜伽行古學以登初地（入見道）為「觸證真如」，是
故亦可以說捨覺支為平等捨，是即捨覺支實以無有雜染為
自性。

上來說無染覺支之因緣、所依、自性，環環相扣，實為證
見道之基礎。

【論】說修覺支已，當說修道支。所修道支云何安立？頌曰

分別及誨示[23]　令他信有三
對治障亦三[24]　故道支成八　　11

【諦譯】

分決及令至　令他信三種　9下
對治不助法　說道有八分　10上

【校譯】

**判定及令至　令他信三支　9下
治所應治三　故道支有八　10上**

【論】論曰：於修道位建立道支，故此道支廣八略四[25]。一
分別支謂正見。此雖是世間而出世後得，由能分別見
道位中自所證故[26]。二誨示他支，謂正思惟、正語一
分，等起發言，誨示他故。三令他信支，此有三種，
謂正語、正業、正命。四對治障支，亦有三種，謂正
精進、正念、正定[27]。由此道支略四廣八。

【校記】

[23] 梵pariccheda，宜譯為「判定」（故諦譯為「分決」）；
梵saṃprāpti，意為「使達至〔某處〕」，故諦譯為「令
至」，奘譯依釋論所言意譯為「誨示」。

[24]「對治障」亦為意譯。梵vipakṣa-pratipakṣa，意為「能對治
所〔應〕對治」，真諦將「所應對治」譯為「不助法」

（非助道之法），玄奘則譯之為「障」。

25 此句及最後一句，說道支廣八略四等，皆為增文，今易明。

26 此句譯意較含糊，應譯云：「得成判定道支謂正見。此出世間之世間後得，為自所證之判定」（bhāvanā-mārgge 'sya paricchedāṅgaṃ samyag-dṛṣṭir laukikī lokōttara-pṛṣṭha-labdhā yayā svādhigamaṃ paricchinatti）

27 此句奘譯移置。梵本此句在奘譯頌12下之前（即「對治本隨惑，及自在障故」半頌之前）。

【校疏】

不敗釋略云：正見以對真實義能真實了知為自性，亦即以見道之現量，現見法性及後得，是為無垢智，能生定解。

正思維及正語為令他至支，因以自己如何通達實義而作宣說，即正思維，其宣說即是正語。

正語、正業、正命三者為令他信支；正精進、正念、正定三者，為對治所對治障之三支。

按，此中所言，以正見為根本，所謂「出世間之世間後得」，即於自證智境上隨緣自顯現之識境。此已是如來藏。此如《攝大乘論》（卷八）所云──

> 諸菩薩任持　　是無分別智
> 後所得諸行　　為進趣增長

此頌說「由無分別後所得智，得菩薩行。」如來藏即是無分別智，涅槃與輪廻平等無分別、佛與有情平等無分別。

【論】何緣後二各分為三[28]。頌曰 ——

> 表見戒遠離[29]　　令他深信受
> 對治本隨惑　　及自在障故[30]　12

【諦譯】

> 見戒及知足　　應知令他信　　10下
> （長行）
> 大惑及小惑　　自在障對治　　11上

【校譯】

> **以見戒知足　　求令人深信　　10下**
> （長行）
> **煩惱隨煩惱　　所治能對治　　11上**

【論】論曰：正語等三，如次表已見、戒、遠離，令他信受[31]。謂由正語論議抉擇，令他信知已有勝慧；由正業故不作邪業，令他信知已有淨戒。　由正命故，應量應時如法乞求衣鉢等物，令他信已有勝遠離。

正精進等三，如次對治本隨二煩惱及自在障。此所對治略有三種：一根本煩惱，謂修所斷；二隨煩惱，謂惛沉掉舉；三自在障，謂障所引勝品功德。此中正精進，別能對治初，為對治彼，勤修道故；正念，別能對治第二，繫念安住止等相中，遠離惛沉及掉舉故；正定別能對治第三，依勝靜慮，速能引發諸神通等勝功德故。

【校記】

[28] 奘譯此句改文。其改文之故，由於將說「令他信」三支及說「治所應治」（對治障）三支，合為一頌，故不得不改文。　諦譯云：「令他信分有三種，正言（語）、正業、正命。此三法次第」，即與梵本及藏譯合。

[29] 梵saṃlekha，意為「「禁戒」或「遠離行」、「離過行」，一般意義則為「知足」，依釋論意，此處取「知足」義較佳。

[30] 梵同上頌10（上），為 vipakṣa-pratipakṣa，即「治所應對治」之意，奘於上頌譯為「對治障」，諦譯為「對治不助法」，於此處，則皆譯為「〔對治〕自在障」，此用意譯，以所對治者能障正定自在。拙校譯姑且譯為「所治能對治」。

[31] 此句總說，為奘譯增文。

【校疏】

此說令信及能對治各三支。前者為正語、正業、正命；後者為正精進、正念、正定。前者為修道上（二至十地）菩薩之利他、後者則為自利。利他故須令他人信己，自利則為除煩惱及所應對治障。

【論】 修治差別云何應知？頌曰 ——

> 有倒順無倒[32]　　無倒有倒隨[33]
> 無倒無倒隨　　是修治差別　　13

【諦譯】

> 隨不倒有倒　　隨顛倒不倒　　11下
> 無倒無隨倒　　修對治三種　　12上

【校譯】

> **隨順中有倒　　隨縛中無倒　　11下**
> **無倒無倒隨　　是即修對治　　12上**

【論】 論曰：此修對治略有三種：一有顛倒順無顛倒；二無顛倒有顛倒隨[34]；三無顛倒無顛倒隨。如是三種修治差別，如次在異生、有學、無學位。

【校記】

[32] 「有倒順無倒」，依梵為 anukūlā viparyastā，意為「於隨順中顛倒」（藏譯同），諦譯為意譯，增文為「隨不倒有倒」，「不倒」二字為增文，彼實云：「隨〔不倒〕有倒」，是即同梵本。

[33] 「無倒有倒隨」，依梵為 sānubandhā viparyayā，意為「於有隨縛中無顛倒」（藏譯同），諦譯「隨顛倒不倒」，意同，唯詞句不明。奘譯此處，將「有隨縛」（sānubandhā）譯為「有倒隨」，較諦譯佳。

[34] 本節釋論，「此修對治……」句為增文。其下兩句，則未盡符梵本。

1‧「有顛倒順無顛倒」句，梵本作viparyastāpi avi paryāsānukūlā，意為「隨順無顛倒而為有顛倒」，此即解釋頌文之「於隨順中顛倒」。奘譯為意譯；諦譯「隨應無倒法，與倒相雜」，亦為意譯，但較奘譯易明。

2‧「無顛有顛倒隨」句，梵本作avi paryastā viparyāsānubandhā，意為「於有顛倒隨繫縛中無顛倒」，此即解釋頌文之「於有隨縛中無顛倒」。諦譯「顛倒所隨逐無見倒」，意譯，以無倒為見地之無倒，故增文曰「無見倒」。奘譯著重「有倒」、「無倒」字眼，遂見譯意含混，但若依梵文作理解後，即不能說其所譯不當。

依上來所言，本節釋論可改譯為 ——

隨順無顛倒〔之修治〕成有顛倒
於〔修治〕有顛倒之隨繫縛中無顛倒

【校疏】

此依不敗釋最為簡明，茲迻譯如下 ——

一切道可攝為三種修治差別。一、資糧道與加行道上修四念住等者，以聞思慧，得能隨順真如法界，是為隨順無顛倒，而（於此階段）每將無我總相計為無我別相，是即成顛倒。（按，此即隨順無顛倒而成有顛倒。）

二、於見道及修道位，常隨逐有顛倒障（按，此如每地上之二愚一粗重），然而其證智已現見無我法界，故能對治顛倒而成無顛倒。（按，此即於有顛倒繫縛中成無顛倒。）

三、修道究竟無學道上，已無倒圓滿見真如法界自性，且盡除垢障習氣，故無顛倒且無顛倒隨逐。

【論】菩薩。二乘所修對治有差別相^[35]，云何應知。頌曰——

　　菩薩所修習　　由所緣作意
　　證得殊勝故　　與二乘差別^[36]　　14

【諦譯】

　　境界及思惟　　至得有差別　　12下

【校譯】

　　由所緣作意　　證得殊勝故　　12下

【論】論曰：聲聞、獨覺以自相續身等為境而修對治；菩薩
　　通以自他相續身等為境而修對治。聲聞、獨覺於身等
　　境，以無常等行相，思惟而修對治；若諸菩薩，於身
　　等境，以無所得行相，思惟而修對治。聲聞、獨覺修
　　念住等，但為身等速得離繫；若諸菩薩修念住等，不
　　為身等速得離繫¹，但為證得無住涅槃。菩薩與二乘所
　　修對治，由此三緣故而有差別。

　　修對治總義者，謂開覺修、損減修、瑩飾修、發上
　　修、鄰近修（謂鄰近見道故）、證入修、增勝修、初
　　位修、中位修、後位修、有上修、無上修，謂所緣、
　　作意、至得殊勝^[37]。

1　《藏要》為「不為身等離不離繫」。

【校記】

[35] 奘譯增文，梵僅云「菩薩修對治差別」。

[36] 奘譯增首末二句，湊成一頌。

[37] 此大段奘譯移置，梵在第四品後，即今本第六品後。

【校疏】

不敗釋云：「諸菩薩所修習正念等道，由三種殊勝超越聲聞、獨覺。云何三種所緣境者？菩薩以周遍自他相續所攝一切法為所緣後，見二無我，聲聞獨覺則緣自相續之法後，僅見人無我。

作意者，聲聞獨覺以無常等行相作意，菩薩則遠離常無常等一切增益與損減，以無所緣而作意。

得果〔至得〕者，聲聞獨覺為速離不淨身而得小乘涅槃，菩薩則不落離不離身二見而為求得無住涅槃而修道。

《大乘辨中邊論》第四〈辨修對治品〉竟

辨修分位品第五

辨修分位品第五

【論】已說修對治，修分位云何[1]？頌曰 ——

所說修對治　　分位有十八[2]
謂因入行果[3]　作無作殊勝　　1
上無上解行　　入出離記說
灌頂及證得　　勝利成所作　　2

【諦譯】

修住有四種　　因入行至得
有作不作意　　有上亦無上　　1
願樂位入位　　出位受記位
說者位灌位　　至位功德位　　2
作事位已說　　　　　　　　　3（首句）

【校譯】

因位趣入位　　加行果名位
作無作殊勝　　上位無上位　　1
勝解行證入　　出離及受記
宣說灌頂位　　證得勝功德　　2
及成所作位　　　　　　　　　3（首句）

【論】論曰：如前所說修諸對治，差別分位有十八種[4]。

一因位，謂住種性補特伽羅。

二入位（趣入位），謂已發心。

三加行位，謂發心已，未得果證。

四果位（果名位），謂已得果。

五有所作位（作位），謂住有學。

六無所作位（無作位），謂住無學。

七殊勝位，謂已成就諸神通等殊勝功德。

八有上位（上位），謂超聲聞等已入菩薩地。

九無上位，謂已成佛，從此以上無勝位故。

十勝解行位，謂勝解行地一切菩薩。

十一證入位，謂極喜地。

十二出離位，謂次六地。

十三受記位，謂第八地。

十四辯說位（宣說位），謂第九地。

十五灌頂位，謂第十地。

十六證得位，謂佛法身。

十七勝利位（勝功德位），謂受用身。

十八成所作位，謂變化身[5]。

【校記】

[1] 此句奘譯增文。梵本但云：「云何分位」（tatrāvasthā katamā）。

[2] 奘譯此二句為增文。梵本此處為二頌另一句（即共九句，如諦譯及校譯）。奘譯將此九句譯為六句，加增文二句，湊成兩頌。

[3] 梵於首出之「因」字下有「位」字（avasthā），如是總攝餘下十七位（以後各位即再不加「位」〔字〕。

復次，於「果」，梵作 phala saṃjñita，是應解作「果名」，是即僅名為得果，而非指得究竟果。如是與下「證得」位作分別。

[4] 此處全句為奘譯增文，梵本無。

[5] 梵本此下尚有一句云：「一切諸分位總說種類應知」（sarvvāpy eṣā bahuvidhāvasthābhisamasya veditavyā）。

【校疏】

不敗釋將十八分位分為二門。

初宣說道分位者，九種。一因位，謂安住種姓者。按，此即如來藏之說一切有情皆具佛種姓，此即一切有情得成佛之因。

二趣入位，即謂三乘各各依自宗見發菩提心，能發心即趣入道。

三加行位，即謂由已發菩提心至尚未得見道（初地）此一階段之分位。

四果名位，即始得果（初地果）分位。

五有所作位，即二至七地分位。

六無所作位，即無勤作之八地分位。

七殊勝位，即具四無礙解及神通等殊勝功德之九地分位。

八上位，即有學道之最上，指第十地分位。

九無上位，即無學道佛地分位。

次為異門。

一勝解行位，謂上來因、趣入、加行三位，即資糧道與加行道，是勝解行分位。

二證入位，即現證入出世間道之極喜地。

三出離位，謂二至七地，彼以勤作，由所斷中出離。

四受記位，謂八地，得佛授記。

五宣說位，謂九地，彼能以四無礙解對所化說法。四無礙解者。謂於法、義、詞、辯四者無礙而應機說法。

六灌頂位，謂第十地，得佛以大光明灌頂。

七證得位，在佛地得法身之分位。

八勝功德位，在佛地得具大利益報身之分位。

九成所作位，在佛地成辦所化事業之化身分位。

【論】 此諸分位差別雖多，應知略說但有三種。其三者何[6]？
　　　頌曰 ——

　　　應知法界中　　　略有三分位
　　　不淨淨不淨　　　清淨隨所應[7]　3

【諦譯】

　　　法界復有三　　　不淨不淨淨
　　　清淨如次第　　　　　　　　　3（三句）

【校譯】

　　　略說法界三　　　不淨不淨淨
　　　清淨如實義　　　　　　　　3（三句）

【論】 論曰：於真法界位略有三，隨其所應攝前諸位[8]。一
　　　不淨位，謂從因位乃至加行；二淨不淨位，謂有學
　　　位；三清淨位，謂無學位。

【校記】

[6] 梵本無此二句。奘譯增文。梵本僅於頌中出「略說」
　　（uddiṣṭā）一詞。

[7] 梵本頌3僅得三句（首句已歸入頌2），奘譯將第二句增
　　文，擴成二句，如是湊足四句。

　　又，「隨所應」，梵為yathārhataḥ，意為「如實義」。

[8] 梵本無此一節，奘譯增文。

【校疏】

不敗釋於此段論頌有特義說。

彼云：安住法界之補特迦羅有三種分位，即因垢障而不淨之凡夫位、攝前所說因位、趣入位、加行位等於勝解位中安住者皆是凡夫。

次為垢障未全淨之「不淨淨位」，攝菩薩位聖者。即前果名位、有所作位、無所作位、殊勝位、上位等五，與證入位、出離位、受記位、宣說位、灌頂位等五，安住此十位之補特迦羅皆在此分位。

三為極清淨佛位。即前所說無上位，及證得位、勝功德位、成所作位等四，為無學道所攝。

於無所作位，世親於前釋為「住無學」；於上位，世親說為「謂超聲聞等已入菩薩地」，而安慧論師於其疏釋中，更將「無學」說為「佛地」；將上位說為「相比於聲聞等，已圓滿二我空，故入大乘聖者菩薩一至十地」。如是解釋，則前後九位不能依次第對應（參前段校疏），令無所作位與無上位都說為佛地，有意義上的重複，入菩薩十地與有關諸位亦意義重複，是不應理。

不敗認為，世親所說「住無學」，實說於道上已離有學功用，非指佛地。說「超聲聞等」則應指入菩薩十地，即謂非但超二乘，且超有學道菩薩九地。

如是理解，則前後兩類九位能一一對應，前後義不致錯亂。故上段說十八位時，不敗即已建立兩類各各九位之對應。且若不成對應，則不能如上來所說，將略說三位廣攝十八分位。

【論】云何應知依前諸位差別建立補特伽羅[9]？頌曰 ——

> 依前諸位中　　所有差別相
> 隨所應建立　　諸補特伽羅[10]　4

【諦譯】

> 此中安立人　　應知如道理　4上

【校譯】

> **諸補特迦羅　　差別隨所應**　4上

【論】論曰：應知依前諸位別相，如應建立補特伽羅。謂此住種性，此已發心等。

　　修分位總義者，謂「堪能位」即種性位、「發趣位」即入加行位。不淨位、淨不淨位、清淨位，有「莊嚴位」。「遍滿位」謂遍滿十地故。無上位[11]。

【校記】

⑨ 梵本無此，奘譯增文。

⑩ 原頌只兩句，奘譯廣為四句，湊成一頌。

⑪ 依梵本，此段置於下一品之末。奘譯移置。又，「無上位」後，奘譯缺文。

【校疏】

前已將十八分位攝入三位，今更謂依十八分位可如應建立補特迦羅。如謂此補特迦羅已入因位、或已入趣入位等，是即可成立「因位補特迦羅」、「趣入位補特迦羅」等。

《大乘辨中邊論》第五〈辨修治分位品〉竟

辨得果品第六

辨得果品第六

【論】已辯修位[1]，得果云何？頌曰 ——

器說為異熟　　力是彼增上[2]
愛樂增長淨　　如次即五果[3]　1

【諦譯】

器果及報果　　此是增上果　　（前4下）
愛樂及增長　　清淨果次第　　1上

【校譯】

器說為異熟　　彼之增上力　　（前4下）
愛樂增長淨　　如次第為果　　1上

【論】論曰：器謂隨順善法異熟；力謂由彼器增上力令諸善
法成上品性；愛樂謂先世數修善力，今世於善法深生
愛樂；增長謂現在數修善力，令所修善根速得圓滿；
淨謂障斷得永離繫。此五如次即是五果：一異熟果；
二增上果；三等流果；四士用果；五離繫果。

【校記】

① 此句為奘譯增文。

② 梵 balan tasyādhipatyataḥ，應云「彼之增上力」，奘譯將「力」作為主詞。

③ 梵無「五」字。

復次，由於梵本第四品統攝奘譯第四、五、六品，故前第4頌下句可歸入此處。奘譯既分為第六品，故將此攝為第1頌。

【校疏】

不敗釋言：「道所攝一切果，可分為五 ——

一者，為行善之果。於人之生生世世，得善法器為所依，是即說為「異熟果」。人若得善法器，即得八無暇等。於其自心趨入行善時，則為能生起善功德之器，是為宿生「善異熟果」。

二者，於人已成法器，則具修治清淨之力，是為「增上果」。

三者，不斷行善之欲，為「等流果」。

四者，於今生中，藉往昔善串習力，令先所未具之善輾轉增長，為「士用果」。

五者，違品之清淨，為「離繫果」。

上來所說即道上果。由前前生起後後，如其次第。

【論】復次,頌曰[4]——

　　　復略說餘果[5]　　後後初數習
　　　究竟順障滅　　　離勝上無上　　2

【諦譯】

　　　上上及初果　　　數習究竟果　　1下
　　　隨順及對治　　　相離及勝位
　　　有上無上故　　　略說果如是　　2

【校譯】

　　　後後果初果　　**串習究竟果**　　1下
　　　隨順離所治　　**離繫殊勝果**
　　　上以及無上　　**異門果略説**　　2

【論】論曰:略說餘果差別有十——

　　一後後果謂因,種性得發心果,如是等果展轉應知。

　　二最初果,謂最初證出世間法。

　　三數習果,謂從此後諸有學位。

　　四究竟果,謂無學法。

　　五隨順果(**串習果**)謂因,漸次應知,即是後後果攝。

　　六障滅果,謂能斷道即最初果,能滅障故說為障滅。

　　七離繫果,謂即數習及究竟果,學無學位如次遠離煩惱繫故。

八殊勝果，謂神通等殊勝功德。

九有上果，謂菩薩地，超出餘乘未成佛故。

十無上果，謂如來地，此上更無餘勝法故。

此中所說後六種果，即究竟等前四差別。如是諸果但是略說，若廣說即無量。

果總義者，謂攝受故、差別故、宿習故、後後引發故、標故、釋故。此中攝受者，謂五果；差別者，謂餘果；宿習者，謂異熟果；後後引發者，謂餘四果；標者謂後後等四果；釋者謂隨順等六果，分別前四果故。

【校記】

④ 梵本無此，奘譯增文。　又梵此處為一頌半（六句），奘譯縮為一頌（四句）。

⑤ 梵本頌2末句有「略說」（samāsatas）一詞，奘譯移置，且廣為一句。（參校譯，唯校譯依漢文語法，。

【校疏】

前已說道上總攝五果，此處則別說十果。

一後後果者，如依種姓可發菩提心，故以前前為因，後後為果。

二初果者，即見道（初地）。最初證得出世間法故。

三串習果者，即修道上（二至十地）反覆串習。

四究竟果者，即修行至究竟之無學道。

上來四者，已攝地前、地上以至佛地，是即攝盡道上一切果。下來則說異門。

五隨順果者，後後果即隨順果，以其隨順於前前因故。

六離所治果者，謂見道，以其盡斷所對治，與煩惱相違故。

七離繫果者，謂串習與究竟二果，由串習而得離各地所應斷之垢障故。

八殊勝果者，即獲得神通等殊勝功德。

九上果（有上果）者，菩薩地上所得果。

十無上果者，佛地所得果。

《大乘辨中邊論》第六〈辨得果品〉竟

辨無上乘品第七

辨無上乘品第七

【論】已辯得果[1]，無上乘今當說。頌曰——

　　總由三無上　　說為無上乘[2]
　　謂正行所緣　　及修證無上　　1

【諦譯】

　　無上乘三處　　修行及境界
　　亦說聚集起　　　　　　1（三句）

【校譯】

**　　總集無上者　　謂正行所緣**
**　　以及其修證　　　　　　1（三句）**

【論】論曰：此大乘中總由三種無上義故名無上乘。　三無
　　上者，一正行無上；二所緣無上；三修證無上。

【校記】

① 「已辨得果」為奘譯增文。

② 梵本此處僅得三句，奘譯增為四句（參校譯）。梵本於三句後出長行（本節釋論），然後始出第四句，奘譯則將此句移入下頌2。

【校疏】

安慧疏言，前說修能對治、分位，以及果等，說為聲聞與菩薩共，然此無上果乘則為與聲聞等不共之分位，說為無上大乘。

由三行相說大乘無上：一者正行、二者所緣、三者由修證所集之真正成就（按，梵 samudāgama 一詞即是此義，故諦譯為「聚集起」）。

初正行者，謂能成辦十到彼岸（十波羅蜜多）；所緣者，謂到彼岸之諸法及其境界，此中諸菩薩當能於所緣中作利他事業，是故能作利他為因之所境，即無上所緣；真正成就者，謂種姓、勝解，及生起果。即依種姓等成為真正成就。

大乘者遠離一切分別戲論，故具資糧、具加行、具後得智、具殊勝功德、具所緣、具果。此中以真如為所緣，以無住涅槃為果，是為無上。故說具七大行相，謂所緣、勝行、智、精進、方便善巧、能得、事業。

【論】 此中正行無上者，謂十波羅蜜多行。此正行相云何應知。頌曰 ——

　　　　正行有六種　　　謂最勝作意[3]
　　　　隨法離二邊　　　差別無差別　　2

【諦譯】

　　　　修行復六種　　　　　　　　　1（末句）
　　　　（長行）[4]
　　　　無比及思擇　　　隨法與離邊
　　　　別及通六修[5]　　　　　　　　2（三句）

【校譯】

　　　　正行有六種　　　　　　　　1（末句）
　　　　（長行）
　　　　最勝及思擇　　　**隨法與離邊**
　　　　差別無差別　　　　　　　　2（三句）

【論】 論曰：即於十種波羅蜜多隨修差別[6]，有六正行：一最勝正行、二作意正行（**思擇正行**）、三隨法正行、四離二邊正行、五差別正行、六無差別正行。

【校記】

[3] 奘譯「作意」，梵為 manaskāre，意為思維、且作意於思維中抉擇，故譯為「思擇」較妥。

[4] 此長句僅有一句，云：「波羅蜜多如是」（tāsu pāramitāsu）（然後出頌2三句說其「如是六種」），故諦譯增文云：「此十波羅蜜中隨一有六種」。奘譯缺去此句。

[5] 梵 viśiṣṭā cāviśiṣṭā ca 句，諦譯為「別及通」，實據後來所見論義而譯。如初地增上布施波羅蜜多，二地增上持戒波羅蜜多等，是為「別」（具差別）；其後總修波羅蜜多，是為「通」（不具差別）。此譯意可參考。

[6] 梵本無此句，奘譯增文。

【校疏】

十波羅蜜多隨修差別，各具六種正行。以下即別別釋此六種正行相。

【論】最勝正行其相云何[7]？頌曰[8]——

最勝有十二　　謂廣大長時
依處及無盡[9]　無間無難性　3
自在攝發起　　得等流究竟
由斯說十度　　名波羅蜜多[10]　4

【諦譯】

廣大及長時　　增上體無盡
無間及無難　　自在及攝治　3
極作至得流　　究竟無比知
此處無比義　　知十波羅蜜　4

【校譯】

最勝有十二　　　　　　　2（末句）
廣大及長時　　**所為與無盡**
無間及無難　　**自在與攝受**　3
發趣與獲得　　**等流及究竟**　4上
（長行）
由其最勝義　　**名十波羅密**　4下

【論】論曰：最勝正行有十二種。一廣大最勝、二長時最
勝、三依處最勝（*所為最勝*）、四無盡最勝、五無間
最勝、六無難最勝、七自在最勝、八攝受最勝、九發
起最勝（*發趣最勝*）、十至得最勝（*獲得最勝*）、十
一等流最勝、十二究竟最勝。

此中廣大最勝者，終不欣樂一切世間富樂自在，志高

遠故。長時最勝者,三無數劫熏習成故。依處最勝者,普為利樂一切有情為依處故。無盡最勝者,迴向無上正等菩提無窮盡故。無間最勝者,由得自他平等勝解,於諸有情發起施等波羅蜜多,速圓滿故。無難最勝者,於他有情所修善法但深隨喜[11],令自施等波羅蜜多速圓滿故。自在最勝者,由虛空藏等三摩地力,令所修施等速圓滿故。攝受最勝者,無分別智之所攝受,能令施等極清淨故。發起最勝者,在勝解行地最上品忍中。至得最勝者,在極喜地。等流最勝者。在次八地。究竟最勝者,在第十地及佛地中,菩薩如來因果滿故。由施等十波羅蜜多,皆有如斯十二最勝,是故皆得到彼岸名。

【校記】

[7] 梵本無此句,奘譯增文。

[8] 梵本此處頌句七句連排,即前頌2末句、頌3(四句)、頌4上(兩句),奘譯及諦譯皆連下頌5廣為八。

[9] 梵譯「依處」,梵 adhikāra,意為與人地位相應之權力、作為,故藏譯為 ched du bya ba,(意為「所為」)。奘譯為意譯(諦意譯為「增上」),未準確。　校譯依藏譯,譯為「所為」。

[10] 此二句,奘譯意譯。梵本的實際情形是 ── 於七句頌後,出大段長行(即本節「論曰」一段,至「如來因果圓滿故」句),然後出頌4下二句(即校譯「由其最勝義,

名十波羅蜜」二句），奘譯則將此頌句譯為長行（「由施等十波羅蜜多，皆有如斯十二最勝，是故皆得到彼岸名」），併入本節釋論。

⑪ 梵作「布施等」，為別舉。奘意譯為「善法」等，為總舉。此即謂於他有情行十波羅蜜多行。

【校疏】

安慧疏於本節有大段疏釋，茲撮要如下——

此說最勝正行有十二種最勝。

一廣大最勝者，謂於一切「世間豐盛」（現前富貴），若已得者不生染着，於未得者不作尋求。

二長時最勝者，謂修布施波羅蜜多等，謂不應說有時限，然而須知，諸菩薩能修布施等到彼岸法，已達三阿僧祇刼之末。

三所為最勝者，諸菩薩專為一切有情之義利而作事業，如布施等（十波羅蜜多）。

四無盡最勝者，由普回向大菩提，於一切生處相續、於異熟果相續，不住無餘依涅槃，是故無盡。聲聞所住涅槃已滅身行相，故相續已斷，有所窮盡。是即有情無盡，回向大菩提亦無盡。

五無間最勝者，謂於初地時已勝解法界之「遍行」義，知自他平等性，故已斷離自他分別，由是於自作之布施、他作之布施等皆生歡喜，故每一刹那都能圓滿布施等波羅蜜多，是為無間。

六無難最勝者，謂於他作之布施等既能隨喜，則於隨喜時亦可生圓滿布施等之功德，令自布施速能圓滿，是故無難。

七自在最勝者，諸菩薩由修習而悟入法界，由悟入而得虛空藏三摩地等，由得此故，即可滿足一切有情之意樂，是即為自在。

八攝受最勝者，以由無分別智攝受故，以布施為例，即能得施主、受者、施物三輪體空，以至能知、所知、知三無分別，故為攝受之最勝。

（依甯瑪派如來藏觀修，上來八者為觀修十波羅蜜多總相。下來四者則說別相。）

九發趣最勝者，謂入菩薩行由「上品忍」而發趣。上品忍者，謂由種姓力、善知識力，令菩提心生起，緣三自性，通達一切法無我。如是即為入菩薩行之發趣，故於菩薩地前為最勝。

十獲得最勝者，在初地，謂證得法界遍行理故。前於加行道中，所獲得者為世間最勝，今獲得者為出世間最勝理。

十一等流最勝者，謂二至九地菩薩，其於地地之所證得，皆為第一地所得波羅蜜多之等流，以所證智相無有異故，初地已總攝法之體性故。

十二究竟最勝，於第十地及佛地中，以其能成就十地菩薩及成就如來故。此中十地，菩薩以一切菩薩行已達究竟，得如來手灌其頂，圓滿不可思議福德、智慧資糧，於一切法遠離分別，於一切行相中成辦自他義利故，是為最勝。

【論】何等名為十到彼岸[12]？頌曰 ——

> 十波羅蜜多[13]　　謂施戒安忍
> 精進定般若　　方便願力智　　5

【諦譯】

> 施戒忍精進　　定般若方便
> 願力及闍那　　此十無比度　　5

【校譯】

> **施戒與安忍　　精進定般若**
> **方便願力智　　十波羅蜜多**　　5

【論】論曰：此顯施等十度別名。

【校記】

⑫ 梵本兩句，奘譯將其第二句移置於頌5後，即「此顯施等十度別名」句。

⑬ 依梵本，此句為頌第四句。奘譯移置。

【校疏】

不敗釋略言 —— 於身、財、善根不耽著為布施；於取捨處如理行持而無違越為持戒；不受瞋等所對治法影響，心相續於此不動為安忍；勇於善法行，且每以此為行持，是為精進；以心一境性為禪定；　以善抉擇諸法為般若；以順利成辦自他廣大義利為方便；以無間攝受善根〔種姓〕之資糧為願；於善根無空耗且能勝伏一切所應對治為力；通達無上大乘究竟密意為智。

【論】 施等云何各別作業[14]？頌曰[15] ——

> 饒益不害受　　增德能入脫
> 無盡常起定　　受用成熟他　　6

【諦譯】

> 財利不損害　　安受增功德
> 除惡及令入　　解脫與無盡
> 常起及決定　　樂法成熟事　　6

【校譯】

> **作用為饒益　　無損害堪忍**
> **增功德令入　　令解脫無盡**
> **常轉起決定　　受用成熟他　　6**

【論】 論曰：此顯施等十到彼岸各別事業，如次應知。謂諸菩薩由布施波羅蜜多，故於諸有情普能饒益。由淨戒波羅蜜多，故於諸有情不為損害。由安忍波羅蜜多，故他損害時深能忍受。由精進波羅蜜多，故增長功德。由靜慮波羅蜜多，故起神通等，能引有情令入正法。由般若波羅蜜多，故能正教授，教誡有情令得解脫。由方便善巧波羅蜜多，故迴向無上正等菩提，能令施等功德無盡。由願波羅蜜多，故攝受隨順施等勝生，一切生中恆得值佛，恭敬供養常起施等。由力波羅蜜多，故具足思擇修習二力伏滅諸障，能令施等常決定轉。由智波羅蜜多，故離如聞言諸法迷謬，受用施等增上法樂，無倒成熟一切有情。

【校記】

[14] 此處「作業」，梵為 karma，諦譯為「事」，依梵意，可譯為「事功」，今譯為「作用」。又，奘譯「施等」為增文。

[15] 梵本此頌六句（二頌半），奘譯省為四句（諦譯則仍作六句）。

又，於第二句，梵有 karmma tasya，即為「作用」，統指十種波羅蜜多作用。今校譯依漢語習慣將之移入首句。

【校疏】

不敗釋略言：十波羅蜜多之作用，分別為 ——

布施能滿有情願，故為饒益；持戒不損害他有情，故為不損害；堪忍能安忍他人對己之損害，故為堪忍；精進能增長功德；禪定能發神通，引導有情趣入正法；般若宣揚正法，令他得解脫；以方便善巧（如回向等）令功德無盡；由願得能受殊勝身，由是常生起布施等；由力以調伏一切所應對治，得決定趣向菩提；以智受用十波羅蜜多，且以此成熟他有情。

【論】 如是，已說最勝正行。作意正行其相云何？頌曰 ——

> 菩薩以三慧　　恆思惟大乘[16]
> 如所施設法　　名作意正行[17]　7

【諦譯】

> 如言說正法　　思量大乘義
> 是菩薩常事　　依三種般若　7

【校譯】

> **彼菩提薩埵　　恆時依三慧**
> **作意大乘法　　如其所施設**　7

【論】 論曰：若諸菩薩以聞思修所成妙慧，數數作意思惟大乘，依布施等，如所施設契經等法，如是名為作意正行。

【校記】

[16] 梵本無與「思惟」對應之字。

又，奘譯於本頌全依意譯，故有移置。若依梵本依字句次第譯為長行，則云：「於如其所施設之大乘法作意，菩薩恆時依三慧」。

[17] 梵本無「正行」一詞。

【校疏】

不敗釋略言：菩薩對何法作思維？謂即如大乘所施設諸法，即三解脫門諸法，如十波羅蜜多、十地、五道、陀羅尼、三摩地等。

菩薩云何作意？但以聞、思、修所成三慧作意。

【論】此諸菩薩[18]以三妙慧思惟大乘，有何功德？頌曰 ——

此增長善界[19]　　入義及事成　　8上

【諦譯】

為長養界入　　為得事究竟　　8上

【校譯】

增長界悟入　　及得事義成　　8上

【論】論曰：聞所成慧思惟大乘，能令善根界得增長；思所成慧思惟大乘，能正悟入所聞實義；修所成慧思惟大乘，能令所求事業成滿，謂能趣入修治地故[20]。

【校記】

[18] 梵本無「此諸菩薩」句，奘譯增文。

[19] 梵本作 dhātu-puṣṭi，意為「增長界」、「長養界」，無「善」及「善根」義。奘譯於此處增文為「善界」、於釋論增文為「善根界」。

[20] 梵 prāpnoti bhūmi-praveśa-pariśodhanāt，應譯云「入地而作修治」。

【校疏】

由思維大乘之聞所成慧作意，界功德得增長。據不敗釋，此界功德指種姓功德，此由如來藏義而釋，如來種說佛種姓故。安慧疏，說「界」為種姓及種子。

由思所成慧作意，得悟入法義。

由修所成慧作意，圓滿成辦大乘道所求一切義，得次第成就〔果〕。

【論】作意正行有何助伴[21]？頌曰 ——

　　　此助伴應知　　即十種法行[22]　8下

【諦譯】

　　　十種正行法　　共相應應知　　8下

【校譯】

　　　復此所知相　　十法行所攝　　8下

【論】論曰：應知如是作意正行，由十法行之所攝受。

【校記】

[21] 此句奘譯增文。

[22]「助伴」一詞，恐受諦譯影響。諦譯釋論有句云：「此修行思維有伴應知」。於梵，僅說為 saṃyuktā，意為「連結」、「相應」、「相攝」（故諦譯頌文為「共相應」）。

又梵頌有 jñeya 一詞，意為「所知」、「所知相」，指聞思修之作意相，奘諦皆未譯出「相」義。

【校疏】

不敗釋及安慧疏皆未廣說，唯言作意正行攝十種法行。

按，此實言作意正行（聞思修大乘法之境）即十種法行。

【論】何等名為十種法行？頌曰[23]——

　　謂書寫供養　　施他聽披讀
　　受持正開演　　諷誦及思修　　9

【諦譯】

　　書寫供養施　　聽讀及受持
　　廣說及讀誦　　思惟及修習　　9

【校譯】

　　寫供及施他　　聽與讀受持
　　開演與背誦　　思維及修習　　9

【論】論曰：於此大乘有十法行：一書寫、二供養、三施他、四若他誦讀專心諦聽、五自披讀、六受持、七正為他開演文義、八諷誦、九思惟、十修習。

【校記】

[23] 奘譯與諦譯比較，諦譯依足梵句每字位置，奘譯則未依
（如「施他」本屬首句，奘譯移入次句）。

【校疏】

不敗釋言：「一切修行聖法之相，可攝於十種法行內。何
為十法行？即書寫大小乘一切法典、供養聖法及說法者、
以說法及法作施他、以耳諦聽法句、自披讀法典、心受持
能詮句義、為他開演句義、心背誦法句、心思維法義、專
心如理修習。」

此說梵 svādhyāya 為「背誦」、奘譯則作「諷誦」、諦譯
為「讀誦」。依梵字義，三譯皆合，唯取捨不同。依拙
意，以「背誦」義較佳，否則即與「自披讀」無大分別。

【論】行十法行獲幾所福[24]？頌曰 ——

　　　　行十法行者　　　獲福聚無量　　　10上

【諦譯】

　　　　無量功德聚　　　是十種正行　　　10上

【校譯】

　　　　無量福德聚　　　由於十種行　　　10上

【論】論曰：修行如是十種法行，所獲福聚其量無邊[25]。

【校記】

[24] 奘譯增文，梵無此句。

[25] 奘譯增文，梵無此句。

又，諦譯於此云：「此十種正行有三種功德：一無量功德道；二行方便功德道；三清淨功德道。」此當為真諦之解說。何以故？以其實為發揮安慧疏義故（見下段校疏）。

【校疏】

安慧疏言：若由任一法行生起福德聚，亦無量數。由自或他，無有能計量者。

【論】何故但於大乘經等說修法行獲最大果，於聲聞乘不如
是說[26]？頌曰 ——

勝故無盡故　　由攝他不息　　10下

【諦譯】

最勝無盡故　　利他不息故　　10下

【校譯】

以最勝無盡　　故攝他不息　　10下

【論】論曰：於此大乘修諸法行，由二緣故獲最大果。一最
勝故、二無盡故。由能攝益他諸有情，是故大乘說為
最勝；由雖證得無餘涅槃，利益他事而恆不息，是故
大乘說為無盡。

【校記】

[26] 此處奘譯移置，梵本原置於頌10下之後（諦譯亦移置，同
奘譯）。

【校疏】

安慧疏略言：大乘由饒益他人故，即為最勝；復次，福德
資糧與智慧資糧，及不可思議果，攝為三行相，由是相續
無盡；聲聞無二資糧，故於無餘依涅槃中其果相續即永斷
（按，即謂不能作事業），故大乘以此為勝。

此說三種行相，即前段諦譯釋論即依此增文。說「無量功
德道」即智慧資糧；說「行方便功德道」即「福德資
糧」；說「清淨功德道」即不可思議果。　疑前段增文本
為解釋此節釋論，為筆受者誤置。

【論】如是已說作意正行。隨法正行其相云何[27]？頌曰[28]——

> 隨法行二種　　謂諸無散亂
> 無顛倒轉變[29]　諸菩薩應知　　11

【諦譯】

> 隨法有二種　　不散動顛倒　　11上

【校譯】

> **無散亂顛倒　　如法而傾隨**　　11上

【論】論曰：隨法正行略有二種：一無散亂轉變、二無顛倒轉變[30]。菩薩於此應正了知。

【校記】

[27]　梵本無此句，奘譯增文。

[28]　梵本於此僅為半頌（二句），奘譯廣為四句。

[29]　奘譯「轉變」一詞，應予討論。　於梵本，praṇatā 一詞，意為「傾向」，「彎身」。問題在於梵本的寫法，將「無散亂」、「無顛倒」及此詞連寫為 avikṣiptāviparyāsa-praṇatā，此可解釋為「無散亂、無顛倒傾向」，所以奘譯譯為「謂諸無散亂／無顛倒轉變」，此即將「傾向」譯為「轉變」。

若將此詞與上二詞分離，連屬屬下文，是即成為 praṇatā

cānudhārmmikī，則可譯為「傾隨於如法」這比較合理。今
梵整理本便是這樣處理。（參下[30]）

[30] 梵本於此句云 yad utāvikṣiptā cāviparyāsa pariṇatā ca，可譯為
「無散亂及無顛倒轉變（變異）」，此中 pariṇatā（轉
變）一詞，跟前 praṇata（傾向）一詞寫法上相當接近，會
不會因此令奘譯將頌文亦譯為「無顛倒轉變」呢？這一點
應予注意。

頌文校譯，即出於此重考慮而譯。

【校疏】

不敗釋云：以寂止於所緣境外無散亂，以勝觀無顛倒見諸
法自性，即為隨法正行。　是即先如大乘法所說，無誤抉
擇法義，復隨順抉擇見而如實修行；是亦即依於心無外散
之等持，由無垢智能無誤悟入諸法自性，以止觀雙運如實
修習法義。

如是即言，行者須於修寂止時無散亂、修勝觀時無顛倒，
前者關於等持，後者關於見地。

【論】此中六種散亂無，故名無散亂。六散亂者：一自性散
亂；二外散亂；三內散亂；四相散亂；五粗重散亂；
六作意散亂。此六種相云何應知。頌曰[31]——

> 出定於境流　　味沉掉矯示
> 我執心下劣　　諸智者應知　　12

【諦譯】

> 起觀行六塵　　貪味下掉起　　11下
> 無決意於定　　思量處我慢
> 下劣心散亂　　智者應當知　　12

【校譯】

> **不住定住境**　　**味着而沉掉**　　11下
> **信持於所礙**　　**作意於我執**
> **下劣心散亂**　　**智者所應知**　　12

【論】論曰：此中「出定」由五識身，當知即是自性散亂；
於「境流」者馳散外緣，即外散亂；味沉掉者，味著
等持惛沉掉舉，即內散亂；矯示者，即相散亂。矯現
相已修定加行，故[32]我執者，即粗重散亂；由粗重力
我慢現行，故心下劣者，即作意散亂。依下劣乘起作
意，故菩薩於此六散亂相，應遍了知當速除滅[33]。

【校記】

31 六種散亂之名相，奘譯諦譯都有未妥之。茲引梵本說明。

vyutthāna意為「不住於定」，奘譯「出定」、諦譯「起觀」。此為第一散亂。

viṣaya意為「所行境」，即住於五感官所對之境（識境）。奘譯「於境流」、諦譯「行六塵」。此為第二散亂。

sāraḥ tathā asvāda-laya-uddhata 意為「由牢味着而昏沉掉舉」。奘譯「味沉掉」、諦譯「貪味下掉起」，此為第三散亂。

sambhāvanābhisandhi 意為「信持於所受之影響」、「信持於〔心之〕所礙」。奘譯「矯示」、諦譯「無決意於定」。此為第四散亂。

manaskāre api ahaṃkṛti 意為「於我執中作意」。奘譯「我執」、諦譯「思量處我慢」。此為第五散亂。

hīna-cittaṃ ca vikṣepa 意為「雜亂下劣心」、「散亂下劣心」。奘譯「心下劣」、諦譯「下劣心散亂」。此為第六散亂。

32 奘譯此句可商榷，依梵，應譯為「信持於所礙為相散亂，由相而起行故」（sambhāvanābhisandhiḥ nimitta-vikṣepaḥ / tan nimittaṃ kṛtvā prayogāt）。

33 依梵此句應為本節首句，奘譯移置。

【校疏】

安慧疏說六種散亂，略言 ──

不住於定者，謂於等至中眼等了別識任一起〔定外之〕現行，即已不住於定。此為散亂之根本，故名「自體性散亂」（奘譯「自性散亂」可商榷）。

轉起所行境者，謂於三摩地中，意識轉起本非所欲之其他所緣境，即名「外散亂」。

味着於三摩地而起沉掉，由是而離寂止或勝觀，名「內散亂」。

信指於已得而礙於未得，若已得者僅為所知〔而未證〕，則於等持中以他為自；或已獲得善品而猶信持，則於等持中令未獲得者成散亂，故此為「相散亂」，以先生起相然後起加行、正行故。

於等持中，若抉擇為「我作等持」，此即我執、我慢，是名為「粗重散亂」。

下劣心者，謂如聲聞等種姓不決定具大乘作意，甚或動搖大乘作意，是為「下劣心散亂」。

不敗釋於「相散亂」所說不同，謂以信持三摩地之心取相，且執着於所取相，是則成為上進之障礙。

於「粗重散亂」則云：即以我執引生作意，即成以為我慢所生作意比他殊勝。

復次，諦譯於其釋論譯文中增添一節云：「前兩散動，未得令不得；次兩，已得令退；第五令不得解脫；第六令不得無上菩提應知。」此當為真諦所自釋，應移為註文。

【論】如是已說無散亂轉變，無顛倒轉變云何應知[34]？頌曰

智見於文義[35]　　作意及不動
二相染淨客　　無怖高無倒[36]　13

【諦譯】

言辭義思維　　不動二相處
不淨及淨客　　無畏及無高　13

【校譯】

文義與作意　　不動及二相
染淨與客塵　　無畏無高慢　13

【論】論曰：依十事中如實智見應知，建立十無倒名。

【校記】

[34] 此句梵本所無。梵 tatrāviparyāso daśa-vidhe vastuni veditavyaḥ，應如真諦譯言：「此中無倒十種處應知」。

[35]「智見」二字奘譯增文。

[36]「無倒」二字奘譯增文。

【校疏】

不敗釋略言：大乘勝觀即無誤而悟入如所有及盡所有之義，是即十無顛倒相處。

安慧言：悟入無顛倒體性，即無有顛倒變異（轉變），若如實了知於何處無有顛倒，即說有十行相。

【論】此中云何於文無倒[37]？頌曰 ——

　　知但由相應[38]　　串習或翻此[39]
　　有義及非有　　是於文無倒　　14

【諦譯】

　　聚集數習故　　有義及無義
　　是言辭無倒　　　　　　　14（共三句）

【校譯】

　　貫串及習用　　不貫串習用
　　有義及非有　　是於文無倒　　14

【論】　論曰：若於諸文能無間斷，次第宣唱，說名
　　「相應」，共許此名[1]唯目此事，展轉憶念，名為「串
　　習」[40]。但由此二成有義文，與此相違文成無義。如實
　　知見此二文者。應知是名於文無倒。

【校記】

[37] 梵本無此句，奘譯增文。

[38]「知但由相應」，此中「知」字為增文以下各頌同，不復
　　一一註出）。

　　又，此中「相應」，梵為saṃyogāt，意為「連貫」、「連

1　《藏要》為「共計此名」。

結」，故諦譯為「聚集」。於此應譯為「貫串」，是則易
於理解。

[39] 「翻此」一詞，奘意譯梵頌第二句（「不貫串習用」句；
若依奘譯，則應為「不相應串習」句），此為省文，
「翻」即是「反」。

[40] 此節奘譯可商榷，依梵：saṃyoge sati vyañjanānām
avicchinnōccāraṇatayā asya cedaṃ nāme ti saṃstavāt
sārthakatvaṃ viparyayān nirarthakatvam iti/ yad evan-darśanaṃ
so 'viparyāso vyañjane veditavyaḥ 可重譯為：「文成貫串，
即無間斷；無諍於名，是習用故。此為有義，無義即是顛
倒，如實知見〔此二〕，是文無倒」。

【校疏】

此中說為「文」者，即是「詞」。

此說「貫串」，乃可依梵文而說，梵文由拚音而成，且往
往連詞而成文，此連詞即須貫串，若於中有誤（如連結
時，有時須用sa或ca，倘缺漏則誤），即成間斷。

於一詞之名，須依習慣，此即世間極成，若不依此則有
諍，故須「習用」。

奘譯頌文為「相連」及「串習」，故於譯釋論時即不用意
譯遷就，但其意譯實有失，如為遷就「串習」，乃增文
「展轉憶念」。此可參考諦譯——

若「名句味」有相應，名言無間不相離說故；此物是其
名，數數習故。

【論】 於義無倒其相云何？頌曰 ——

似二性顯現　　如現實非有
知離有非有　　是於義無倒[41]　15

【諦譯】

顯現似二種　　如顯不實有
是名義無倒　　遠離有無邊　15

【校譯】

似二顯現有　　如現實非有
於義無倒者　　離有離非有　15

【論】 論曰：似二性顯現者，謂似所取能取性現。亂識似彼
行相生故[42]。如現實非有者，謂如所顯現實不如是
有。離有者，謂此義所取能取性非有故；離非有者，
謂彼亂識現似有故[43]。如實知見此中義者，應知是名
於義無倒。[44]

【校記】

[41] 奘譯第三四句互換句序。

[42] 梵無此句,奘譯增文。

[43] 梵 tat-pratibhāsa-bhrānti-sadbhāvāt,應譯言「由迷亂似顯現
為有故」。無「亂識」一詞。

奘譯於前增文曰「亂識」,於此處又將「迷亂」譯為「亂
識」,可能是為了強調唯識。

[44] 梵無此句,奘譯增文。

【校疏】

安慧疏言:顯現為所取能取,謂依他自性。以具有所取能
取種子故。　離有者,謂無有此二者為自性故;離非有
者,謂由此二行相顯現故。

不敗釋則言:於似二顯現,以「似二」故,離有邊;以
「顯現」故,離無邊。其說與安慧有異,足見彼此之宗
風。

【論】 於作意無倒者。頌曰 ——

於作意無倒[45]　　知彼言熏習
言作意彼依　　現似二因故[46]　16

【諦譯】

此言熏言思　　彼依思無倒
為顯二種因　　　　　　　16（共三句）

【校譯】

言說熏習者　　依於言作意
於作意無倒　　似二顯現因　16

【論】 論曰：所取能取言所熏習，名「言作意」。即此作意
是所能取分別所依，是能現似二取因故。由此作意是
戲論想之所熏習，名「言作意」，如實知見此作意
者，應知是於作意無倒。

【校記】

[45] 奘譯移置,原為第三句。

[46]「現似二」,梵 dvaya-prakhyāna,譯為「似二顯現」較妥。

【校疏】

此處之所謂「言」,依梵 jalpa(言說)而譯。此蓋以言說即具有分別之義。故即以「言說」表示分別。　藏譯則將之譯為 rtog pa 是尋伺之「尋」,亦具分別義。故凡漢譯之「言」,於藏譯皆為「尋」,此乃譯者取向之不同,漢譯重字義,藏譯則重其表義。

欲明此段論義,須先明「言熏習」(分別熏習 jalpa-paribhāvita)與「言作意」(分別作意 jalpa-manaskāra)。

由所取能取所成之分別,即「言熏習」,亦即能所分別熏習。由此熏習,成「言作意」,亦即能所分別作意。　由是可說為:二取分別依於「言作意」,「言作意」即由「言熏習」而成。

能了達於此等關係,即成作意無倒,何以故?了知「言作意」為似二顯現之因故。前已說似二顯現為「有非有」,是則其因亦當知為「有非有」,能如是知,是故無倒。

【論】 於不動無倒者。頌曰 ——

於不動無倒　　謂知義非有
非無如幻等　　有無不動故[47]　17

【諦譯】

如幻等不有　　亦有義應知
是不動無倒　　有無不散故　17

【校譯】

義之有非有　　説為如幻等
於不動無倒　　有無不動故　17

【論】 論曰：前說諸義離有非有，此如幻等非有無故。謂如
幻作諸象馬等，彼非實有象馬等性，亦非全無，亂識[48]
似彼諸象馬等而顯現故。如是諸義無，如現似所取能
取，定實有性亦非全無，亂識似彼所取能取而顯現
故。「等」聲顯示陽焰、夢境及水月等，如應當知。
以能諦觀義如幻等，於有無品心不動散，如實知見此
不動者，應知是於不動無倒。

【校記】

[47] 奘譯有移置，參校譯即知。

又，奘譯第二三句應加標點始明：「謂知義非有非無，如幻等」（諦譯首二句亦應讀如：「如幻等不有亦有義應知」）。

[48] 應作「迷亂」。參[43]。

【校疏】

不敗釋簡明：能所二取所攝一切法，自性無有，唯有似顯現如夢幻等，於彼說為不動無倒者，以不偏墮有邊或無邊故。

如來藏為智識雙運界，識境可說為似顯現而成為有，但那是站在離識境的立場來說，所以才說之為如夢幻般的有，若未離識境，即識境中人看識境，則可說為真實，如是即可說為離有無二邊之「有非有」。這是第一個層次的觀察。

若更深一層觀察，識境由隨緣自顯現而成為有，於離緣起的智境中則為非有，所以在智識雙運中亦成有非有，由是亦離有無二邊。

當能決定識境中所施設一切法（無論施設為輪廻界的法，抑或施設為涅槃界的法），都為有非有時，是即如頌所言，是為不動（avisāra）。梵 avisāra 意為「非迷亂」，離於迷亂即是不動無顛倒。離二邊即無動搖故。

【論】 於二相無倒者，謂於自相及共相中俱無顛倒。於自相
無倒者[49]，頌曰[50] ——

於自相無倒　　知一切唯名
離一切分別　　依勝義自相　　18

【諦譯】

一切唯有名　　為分別不起
是別相無倒　　　　　　　　18（共三句）

【校譯】

一切唯名言　　離一切分別
於自相無倒　　　　　　　18（三句）
（長行）
依勝義自相　　　　　　　18（末句）

【論】 論曰：如實知見一切眼、色乃至意、法皆唯有名，即
能對治一切分別，應知是於自相無倒。此依勝義自相
而說，若依世俗，非但有名，可取種種差別相故[51]。

【校記】

[49] 此句奘譯增文。

[50] 依梵本，出三句頌後即為長行，然後出頌末句，復出長行。（參校譯）

[51] 依梵，釋論前段釋首三句頌，此句則釋末句。又，於此句中，無「此依勝義自相而說」，因此句緊接頌末句，已說「依勝義自相」故不須重複而言。

【校疏】

說自相無倒，依勝義而說，非依世俗，即於世俗中一切自相皆有顛倒。

於勝義中，一切唯是假施設名言。所謂「一切」，即一切內識及其對境，故說為由「眼」及所對之「色」，以至由「意」及其所對之法，是即於識境中無論內識外境，皆唯名言（成「名言顯現」）。能如是知見，即離一切分別。

所謂離一切分別，即謂一切法非如其顯現而有各別不同的自性。

若依世俗，則不僅有名言，且如其顯現而有種種自相差別。

【論】於共相無倒者[52]。頌曰 ——

以離真法界　　無別有一法
故通達此者[53]　於共相無倒　　19

【諦譯】

出離於法界　　更無有一法
故法界通相　　此智是無倒　　19

【校譯】

出離於法界　　更別無一法
是故於共相　　於此而無倒　　19

【論】論曰：以無一法離「法無我」者，故真法界諸法共相
攝。如實知見此共相者，應知是於共相無倒。

【校記】

[52] 梵本無此句，奘譯增文。

[53] 奘增文意譯。

【校疏】

　　法界以二空（人我空、法我空）為自性，然離法界則別無一法可成立，故一切法即以法界自性為自性，即以二空為自性。由是可說法界為遍行一切法之共相。　如是知一切法共相，是名共相無倒。

　　此同於如來藏，離佛內自證智境即無識境，由是識境中一切法皆以智為自性，是為勝義共相。

【論】 於染淨無倒者[54]。頌曰 ——

知顛倒作意　　未滅及已滅
於法界雜染[55]　清淨無顛倒　　20

【諦譯】

顛倒邪思惟　　未滅及已滅
此不淨及淨　　是彼不顛倒　　20

【校譯】

於顛倒作意　　未滅或已滅
說為染或淨　　是即無顛倒　　20

【論】 論曰：若未斷滅顛倒作意，爾時法界說為雜染；已斷
滅時，說為清淨。如實知見此染淨者，如次是於染淨
無倒。

【校記】

[54] 奘譯增文，梵無此句。

[55]「**法界**」一詞，奘譯據其後之釋論增文。

又，奘譯此二句應相連，讀如：「於法界雜染清淨無顛倒」。

【校疏】

於法界中，本無所謂輪廻、涅槃法，無所謂雜染、清淨法，僅由「我見」等顛倒作意而成分別。是故當於顛倒作意未滅時，說為雜染；已滅時，則說為清淨。

由是當知，或染或淨僅屬人為的分別，非法界有染有淨，是故此種種人為分別即稱為「客塵」。稱之為「客」，表明此「塵」非本住於法界。

故知真實無顛倒之雜染或清淨，僅由顛倒作意之未滅或已滅來定義，並不是法界真有雜染相或清淨相。如是知見，即無顛倒。

以此之故，離二我的智境說為清淨，即是施設名言；未離二我的識境說為雜染，固是名言，亦非說識境即以雜染為自性，其雜染仍是客塵，於離顛倒作意以見識境時，識境亦清淨（是即佛之後得智境）。

【論】於客無倒其相云何[56]。頌曰 ——

　　知法界本性　　清淨如虛空
　　故染淨非主　　是於客無倒[57]　21

【諦譯】

　　法界性淨故　　譬之如虛空
　　此二種是客　　是彼不顛倒　21

【校譯】

　　法界清淨故　　如虛空本性
　　二種為客塵　　於此無顛倒　21

【論】論曰：法界本性淨若虛空，由此應知先染後淨二差別相，是客非主。如實知見此客相者，應知是名於客無倒。

【校記】

56　梵無此句,奘譯增文。

57　奘譯此頌用意譯。依梵,一者,非說「法界本性」如清淨虛空,實說法界清淨如虛空本性〔之清淨〕;二者,梵未明說為「染淨非主」,頌中僅說之為「二種」(dvaya)。奘譯由意譯說明。

【校疏】

此段承前段說客塵。

因前段說離顛倒作意即是清淨,故可能認為離客塵即是清淨,此處故說如何認識客塵始無顛倒。

法界本來清淨,故說為如虛空本性。虛空本性者即是僅受客塵(如雲)遮蔽,而非受其污染。所以在法界(佛內自證智境)中雖有識境生起,實未受識境污染。

前段說染與淨,是站在識境立場而說,具有顛倒作意(如我見等),則所見皆為雜染相,與此相對,離顛倒作意則說為見清淨相。但如是成立染淨時,此染淨二種仍是客塵,仍是由識境來成立名言施設。所以在本段即說明此點,法界本性即如虛空本性,於虛空,不能於有雲時說為雜染相,亦不得於無雲時說為清淨相。所以對於法界,實無染淨可言。

由此認知客塵,才能離染淨而認知「法界清淨」的真實義。如是認知,即於客塵無倒。

【論】於無怖、無高俱無顛倒者[58]，頌曰——

有情法無故　　染淨性俱無[59]
知此無怖高　　是於二無倒　　22

【諦譯】

染污及清淨　　法人二俱無
無故無怖慢　　是二處無倒　　22

【校譯】

雜染及清淨　　無人法故無
無畏無高慢　　由此無顛倒　　22

【論】論曰：有情及法俱非有故，彼染淨性亦俱非有。以染淨義俱不可得故，染淨品無減無增[60]。由此於中無怖、無慢，如實知見無怖高者，應知是名於二無倒。

無倒行總義者[61]，謂由文無倒能正通達止觀二相；由義無倒能正通達諸顛倒相[62]；由作意無倒於倒因緣能正遠離；由不動無倒善取彼相；由自相無倒修彼對治無分別道；由共相無倒能正通達本性清淨；由染淨無倒了知未斷及已斷障；由客無倒如實了知染淨二相；由無怖無高二種無倒諸障斷滅得永出離。
此十無倒如次安立，於彼十種金剛句中，何等名為十金剛句？謂有、非有、無顛倒、所依幻等喻、無分別、本性清淨、雜染清淨、虛空喻、無減、無增。

為攝如是十金剛句有二頌言——

> 應知有非有　無顛倒所依
> 幻等無分別　本性常清淨
> 及雜染清淨　性淨喻虛空
> 無減亦無增　是十金剛句

且初安立十金剛句自性者，謂自性故、所緣故、無分別故、釋難故[63]。（校按，為易說明校勘故，此段標為「甲」。下同。）

自性故者，謂三自性，即圓成實、遍計所執及依他起，是初三句如次應知。

所緣故者，即三自性。

無分別故者，謂由此無分別，即無分別智，及於此無分別即本性清淨。如次應知安立境智，謂三自性及無分別。

釋難故者，謂所餘句。1且有難言：「遍計所執、依他起相，若實是無，云何可得？若實是有，不應諸法本性清淨。」為釋此難，說幻等喻。如幻事等，雖實是無，而現可得。2復有難言：「若一切法，本性清淨，如何得有先染後淨？」為釋此難，說有染淨及虛空喻，謂如虛空雖本性淨，而有雜染及清淨時。3復有難言：「有無量佛出現於世，一一能度無量有情，令出生死入於涅槃，云何生死無斷滅失，涅槃界中無增益過？」為釋此難，說染及淨無減無增，又，有情界及清淨品俱無量故。（乙）

第二安立彼自性者，如有頌言 ——

> 亂境自性因　　無亂自性境
> 亂無亂二果　　及彼二邊際（丙）

【校記】

[58] 梵無此句，奘譯增文。

[59] 此二句頌，奘譯互換句序。

[60] 此段奘譯意譯。參諦譯 ——「人者，無染污、無清淨，法亦如是。先無染污後無清淨，云何如此？人及法非實有故。是故〔染淨〕二中無有一物是淨品及不淨品，不淨品時無有一法被損減，清淨品時無有一法被增益。」此則與梵本符順。

[61] 此段奘譯移置，梵本在品末。

[62] 依梵，vyañjanāviparyāsena śamatha-nimittaṃ pratividhyati / arthāviparyāsena vipaśyanā-nimittaṃ pratividhyati /，應譯言：「於文無倒能通達寂止相；於義無倒能通達勝觀相」。奘譯失。其生誤原因可能由於《安慧疏》於此處釋十無倒時，總合文、義二無倒而說止觀，復說無顛倒相，致奘譯失誤。

[63] 以下甲、乙、丙三段次序，與梵本不合，依梵本次序，當為乙、丙、甲。

【校疏】

人（有情）及法本無自性，是故不能說其自性為雜染、為清淨。以無自性故，是則亦無煩惱所纏或從彼解脫。由是於煩惱中無一法得減，非由減煩惱而得清淨故，亦於清淨中無一法可增，非由增一法即斷煩惱故。

以此之故，觀修之所謂除障，實除二我，除對二我之名言執。離於名言，一切法即無染無淨，離增益與損減。由是無有對雜染增上〔如貪〕之怖畏，亦無自以為清淨增上〔如信〕之高慢。此即為無畏、無慢之無顛倒。

依十種無顛倒，建立十金剛句，可分為二種見地，初，由三自性安立。即依於所緣三自性，說有非有、無顛倒、所依三種；依於無分別說自相、共相二種，其餘則以答難方式宣說。所以釋論中言：「十金剛自性者，謂自性故、所緣故、無分別故、釋難故」。

次，依勝義。十金剛句實依迷亂果與無迷亂果而安立，依於勝義，此皆無可諦實之取捨，故釋論說「第二安立彼自性」，即由頌而言；「亂境自性因」云云。此言：迷亂境以迷亂自性為因。迷亂自性者，即於本無二取中顯現二取，故成迷亂境因。復次，若無迷亂自性，即於阿賴耶識之分別性、及於無分別智能生定解，如是即於圓成性境無有迷亂（於智境中自顯現之識境隨相礙緣起而成立無有迷亂）。

【論】 如是已說隨法正行，離二邊正行，云何應知？如《寶
　　　 積經》所說中道行，此行遠離何等二邊？頌曰 ——

　　　 異性與一性　　外道及聲聞
　　　 增益損減邊　　有情法各二　　23
　　　 所治及能治　　常住與斷滅
　　　 所取能取邊　　染淨二三種　　24
　　　 分別二邊性　　應知復有七
　　　 謂有非有邊　　所能寂怖畏[64]　25
　　　 所能取正邪　　有用並無用
　　　 不起及時等　　是分別二邊　　26

【諦譯】

　　　 別異邊一邊　　外道及聲聞
　　　 增益與損減　　二種人及法　　23
　　　 非助對治邊　　斷常名有邊
　　　 能取及所取　　染淨有二三　　24
　　　 分別二種邊　　應知有七種
　　　 有無及應止　　能止可畏畏　　25
　　　 能取所取邊　　正邪事無事
　　　 不生及俱時　　有無分別邊　　26

【校譯】

異邊與一邊	外道及聲聞	
增益損減邊	人與法各二	23
所治能治邊	常想斷滅想	
所取及能取	染淨二三種	24
分別二邊者	應知有七種	
有無能所寂	所畏與能畏	25
能所取正邪	有用與無用	
不起及等時	是二邊分別	26

【論】論曰：若於色等執我有異，或執是一，名為一邊。為離此執，說中道行，謂觀無我乃至儒童，見有我者，定起此執，我異於身或即身故。

若於色等，執為常住，是外道邊。執無常者，是聲聞邊。為離此執說中道行，謂觀色等非常無常

定執有我，是增益有情邊。定執無我，是損減有情邊。彼亦撥無假有情故[65]，為離此執，說中道行，謂我、無我二邊中智。

定執心有實，是增益法邊。定執心無實，是損減法邊。為離此執，說中道行，謂於是處無心無思無意無識。

執有不善等諸雜染法，是所治邊。執有善等諸清淨法，是能治邊。為離此執說中道行，謂於二邊不隨觀說[66]。

於有情、法定執為有，是常住邊。定執非有，是斷滅

邊。為離此執，說中道行，謂即於此二邊中智。

執有無明所取能取，各為一邊。若執有明所取能取，各為一邊。如是執有所，治諸行，能治無為，乃至老死及能滅。彼諸對治道所取能取，各為一邊。此所能治所取能取，即是黑品白品差別。為離此執，說中道行，謂明與無明無二無二分，乃至廣說[67]，明無明等所取能取皆非有故。

雜染有三：謂煩惱雜染、業雜染、生雜染。（一）煩惱雜染復有三種：一諸見、二貪瞋癡相、三後有願。此能對治，謂空智、無相智、無願智。（二）業雜染，謂所作善惡業。此能對治，謂不作智。（三）生雜染有三種[68]：一後有生、二生已心心所念念起、三後有相續。此能對治。謂無生智無起智無自性智。

如是三種雜染除滅說為清淨。空等智境謂空等法，三種雜染隨其所應。非空等智令作空等，由彼本性是空性等，法界本來性無染故，若於法界或執雜染或執清淨各為一邊，本性無染非染淨故。為離此執，說中道行，謂不由空能空於法法性自空。

乃至廣說復有七種分別二邊，何等為七？

謂分別有、分別非有，各為一邊。彼執實有補特伽羅以為壞滅，立空性故。或於無我分別為無為，離如是二邊分別，說中道行，謂不為滅補特伽羅方立空性，然彼空性本性自空，前際亦空，後際亦空，中際亦空，乃至廣說。

分別所寂、分別能寂，各為一邊。執有所斷及有能

斷，怖畏空故。為離如是二邊分別，說虛空喻。

分別所怖、分別從彼所生可畏，各為一邊。執有遍計所執色等，可生怖故。執有從彼所生苦法，可生畏故。為離如是二邊分別，說畫師喻。前虛空喻為聲聞說，今畫師喻為菩薩說。

分別所取、分別能取，各為一邊。為離如是二邊分別，說幻師喻。由唯識智無境智生，由無境智生復捨唯識。智境既非有識，亦是無要。託所緣識方生故，由斯所喻與喻同法。

分別正性、分別邪性，各為一邊。執如實觀為正為邪，二種性故。為離如是二邊分別，說兩木生火喻，謂如兩木雖無火相，由相鑽截而能生火。火既生已，還燒兩木。此如實觀，亦復如是，雖無聖道正性之相，而能發生正性聖慧。如是正性聖慧生已，復能除遣此如實觀[69]。由斯所喻與喻同法，然如實觀雖無正性相，順正性故亦無邪性相。

分別有用、分別無用，各為一邊。彼執聖智要先分別方能除染，或全無用。為離如是二邊分別，說初燈喻。

分別不起、分別時等，各為一邊。彼執能治畢竟不起，或執與染應等時長，為離如是二邊分別，說後燈喻。

【校記】

[64] 此處奘譯「怖畏」，梵本作 trāsya-tad-bhaye，諦譯為「可畏、畏」，合。蓋以前者為「所畏」，後者為「能畏」。以trāsya於文法為「所有格」故。

[65] 此處奘譯「假有情」，梵本作 prajñapti-sattva，諦譯為「假名人」，是將 sattva 一詞意譯為「有情」或「人」。藏譯 srid pa，意為「有」，較佳，故此可譯為「假施設有」。

[66] 此處奘譯「謂於二邊不隨觀說」，梵本作asyānta-dvayasyānupagamo 'nudāhāro 'pravyāhāraḥ，諦譯「此二種邊不去、不來、無譬、無言」（此當為筆受者依解說而譯），參考藏譯，此應譯為「於二邊不可隨、不可受、不可說」。

[67] 此處奘譯「明與無明無二無二分，乃至廣說......」，語意不明晰，梵作 vidyā cāvidyā cādvayam etad iti vistareṇa，諦譯「無明及明此二，無二〔而〕無」，合梵意。若直譯則應為：「明及無明無二，乃至廣說......」（奘譯增「無二分」三字，乃依《安慧疏》，安慧於說「無二」後更說「無二分」，即謂明與無明實非此二分。）

[68] 奘譯「生雜染」三種為：一後有生（punar-bhar-jāti）、二生已，心心所念念起（jātasya citta-caittānāṃ pratikṣaṇotpāda）、三後有相續（punar-bhava-prabhandha）。此中「後有生」若視為尚未再生之後有，則可解釋為「中有」，由是諦譯此三種即為：一中生、二已生意心及心法念念生、三有生相續不斷。然恐有誤，以安慧及不敗尊者皆以「後有相續」為「中有」故。

⁶⁹ 此處奘譯「此如實觀亦復如是，雖無聖道正性之相而能發
生正性聖慧。。正性慧生已，復能除遣此如實觀」，梵作
evam asamyaktva-lakṣaṇāyā yathā-bhūta-pratyavekṣāyāḥ sam-
yaktva-lakṣaṇam āryaṃ prajñendriyaṃ jāyate jātaṃ ca tām eva
bhūta-pratyavekṣāṃ vibhāvayatīty。可譯言：「依如實觀非
正性相，然正性相聖慧根生起，則能遣除此如實觀之觀
察。」奘譯為意譯，未盡與梵本相順。

【校疏】

二邊分為兩類，各有七種。第一類七種由「無我」而說中
道；第二類依《古大寶積經》（即今本《普明菩薩會》，
大正・十一）諸喻以明中道。

說第一類七種，先明「無我」，此分為八：無有我、無有
有情、無有命者、無有善育者、無有士夫、無有補特迦
羅、無有意生、無有儒童。此即屏除安立一切人天為
「我」。

1 異邊與一邊者，謂執色等與我異體，抑與我一體。此於
上來所說八種無我，已遍遣除以蘊為我，或以異名（如補
特迦羅）為我。不見有我，二邊即不成立，此不落異與一
即為中道。

2 外道及聲聞者，謂外道執色等為常，聲聞執色等無常。
中道行者，於常無常不作分別。

3 有情（人）與法各有二，即是執有情與法為有的兩種增
益，以及執有情與法為非有的兩種減損。中道行者，通達
「我無我二邊中智」以離有情之二邊，通達「無心無思無
意無識」以離法之二邊。

4 執不善與雜染為所對治、善與清淨為能對治二,中道者應觀於此二邊,任一皆不隨順、不領受、不詮說。是即離一切句義(名言),離一切想(概念)。

5 執有情及法為有,落常住邊,執有情及法為非有,則相續斷,落斷滅邊。中道行者則緣此二邊中智。

6 於能取所取二邊,謂於十二因緣之無明至老死間雜染執着能所,是為一邊;於無明盡至老死盡間清淨執着能所,是另一邊,前者為無明,後者為明,中道觀行為明與無明無二。

7 雜染有「煩惱雜染」、「業雜染」、「生雜染」三種。此中煩惱雜染又分為三:一諸見、二貪瞋癡相、三後有願,分別由空智、無相智、無願智對治,即入中道。 此中業雜染有所作善不善業,由無作(無功用)智對治。

此中生雜染復有三種:一後有生、二生已至死前之間心心所念念相續、三後有相續。分別由無生智、無起(無現行)智、無自性智對治。於三雜染既對治已,是為清淨。若於雜染邊或清淨邊起執着,即於法界起謗。中道觀者,謂悟入法性本空,不由施設空而空諸法,由是即不落染淨二邊,以皆本空故。不落名言、本離戲論即是本空。

再說第二類二邊七種。

1 分別有與非有是為二邊。如分別有補特迦羅者,以為由壞滅補特迦羅而成立空性;分別為非有者,則直視之為無。中道者則謂空性本空,前際、中際、後際皆空,故非本不空而能令之空。

2 於寂滅作分別。執能寂有能斷除是一邊、執所寂有所斷除是另一邊。無論執能斷或所斷，皆於空起怖畏。佛為此說虛空喻。如《古大寶積經》云 ——

> 譬如有人怖畏虛空，悲喜椎胸，作如是言：我捨虛空。於意云何？是虛空可捨離否？〔迦葉答言〕不也，世尊。如是迦葉，若畏空法，我說是人狂亂失心。所以者何？常行空中而畏於空。

是即謂能斷所斷一切法本來不可成立，由是二邊皆不可執。

3 分別所畏處（如輪廻）是一邊，對所畏生畏（能畏）而起分別（如畏輪廻）又是一邊。佛為此說畫師喻，同上經云 ——

> 譬如畫師自手作夜叉鬼像，見已怖畏，迷悶躄地。一切凡夫亦復如是，自造色聲香味觸故，往來生死受諸苦惱而不自覺。

此喻如畫師自作夜叉像而自生畏，凡夫自作分別，起所畏能畏，應知一切唯分別心。如是即離二邊入中道。

上來二喻，虛空喻為聲聞說，彼以壞滅為空故；畫師喻為菩薩說，令其不墮入能寂所寂而不畏輪廻。

4 分別外境（如色等）為所取是一邊，分別內識（如眼等）為能取是另一邊。為斷除彼二，佛說幻師喻，同上經言 ——

> 譬如幻師作幻人已，還自殘食。行道比丘亦復如是。

此喻由唯識而無境,復由無境知內識亦無,故捨唯識,由是外境內識皆不成立,如是即離能取所取而悟入中道。

5 於無漏有漏,分別無漏為正性是一邊,分別有漏為邪性是另一邊。為斷離此二邊,佛說兩木生火喻。同上經言——

> 有所觀法皆空皆寂,無有堅固,是觀亦空。迦葉,譬如兩木相磨便有火生,還燒本木。如是迦葉,真實觀(如實觀)故生聖智慧(正性聖慧),聖智生已還燒真實觀。

此喻有漏加行道如木,能生之無漏聖智慧則如火,於聖智慧生時,加行道(如實觀)即便應捨(如木還被火燒),是故有漏無漏實由相依而起用,由是二者都不應分別為正為邪。

6 對於能對治智,若以為其有用,但卻須對智作分別然後才有除障之用,如是增益是為一邊,或以為能對治智無用,如是損減是另一邊。佛為此說燃燈喻。同上經言——

> 譬如燃燈,一切黑暗皆自無有,無所從來,去無所至。非東方來,去亦不至南西北方四維上下。而此燈明無有是念:我能滅暗。但因燈明法自無暗,明暗皆空,無作無取。如是迦葉,實智慧生,無智便滅。智與無智二相俱空,無作無取。

以智除障,如燈自能除暗,故離有用無用、增益減損等二。

7 分別不起、分別等時者,謂若言有情相續中之障礙,無

始時來即已具在，故不可能有能對治智生起，如是即「不起」一邊；又或執能治智須與所治障等時始能除斷，如是「等時」更是一邊。佛為此說第二燈喻，同上經言——

> 迦葉，譬如千歲冥室未曾見明，若燃燈時，於意云何？暗寧有念我久住此不欲去耶。〔迦葉答言〕不也，世尊，若燃燈時是暗無力，而不欲去必當磨滅。如是迦葉，百千萬劫久習結業，以一實觀即皆消滅。其燈明者聖智慧是，其黑暗者諸結業是。

如是即撥不起與等時二邊，悟入中道。

【論】 如是已說離二邊正行[70]。差別無差別正行云何？頌曰
——

差別無差別　　應知於十地
十波羅蜜多　　增上等修集[71]　27

【諦譯】

勝有等修行　　應知於十地　　27上

【校譯】

差別無差別　　於十地可知　　27上

【論】 論曰：於十地中，十到彼岸隨一增上而修集者，應知
說為差別正行；於一切地皆等修集布施等十波羅蜜
多，如是正行名無差別。

六正行總義者，謂即如是品類最勝。由此思惟如所施
設大乘法等。由如是品無亂轉變修奢摩他，及無倒轉
變修毘缽舍那，為如是義修中道行而求出離，於十地
中修習差別無差別[72]行。

【校記】

70 梵無此句，奘譯增文。

71 梵於此僅為半頌（二句），奘增為全頌。

72 此段正行總義奘譯移置，梵本置於本品末。

【校疏】

十地菩薩之觀修，有總有別。於總，即十地菩薩皆通修十波羅蜜多，如是名為無差別正行；然十地中之一地各有增上修集，如初地以布施波羅蜜多為增上，以至十地以智波羅蜜多為增上修集，如是即為差別正行。

【論】如是已說正行無上[73]。所緣無上其相云何？頌曰——

　　　　所緣謂安界　　所能立任持
　　　　印內持通達　　增證運最勝[74]　28

【諦譯】

　　　　安立及性界　　所成能成就　27下
　　　　持決定依止　　通達及廣大
　　　　品行及生界　　最勝等應知　28

【校譯】

　　　　謂安立與界　　所能立任持　27下
　　　　決定與內持　　通達及增長
　　　　悟入等任運　　最勝所緣境　28

【論】論曰：如是所緣有十二種：一安立法施設所緣；二法
　　界所緣；三所立所緣；四能立所緣；五任持所緣；六
　　印持所緣；七內持所緣；八通達所緣；九增長所緣[2]；
　　十分證所緣；十一等運所緣；十二最勝所緣。

　　此中最初謂所安立，到彼岸等差別法門；第二謂真
　　如；第三第四如次應知，即前二種到彼岸等差別法
　　門，要由通達法界成故；第五謂聞所成慧境，任持文
　　故；第六謂思所成慧境，印持義故；第七謂修所成慧
　　境，內別持故；第八謂初地中見道境；第九謂修道中
　　乃至七地境；第十謂即七地中世出世道品類差別分分

2　　《藏要》為「增廣所緣」。

證境；第十一謂第八地境；第十二謂第九第十如來地
境，應知此中即初第二，隨諸義位得彼彼名。

【校記】

[73] 梵本無此句，奘譯增文。

[74] 梵頌共六句（含頌27下兩句），奘譯省為一頌（四句）。
初句「所緣」一詞，乃將頌28中此詞移置於此，作為標
句。

頌中譯名有可商榷者——

「印」，奘釋為「印持」，依梵 avadhāra，宜依諦譯譯為
「決定」。藏譯同。

「證」，奘釋為「分證」，依梵 pragama，意為「到
達」、「穿越」、「入」（諦譯「品行」即依此，謂行
動）。然其字根gam又有「了知」義，故可譯為「悟
入」。

「運」，奘釋為「等運」，此乃依安慧而釋，其意為「平
等任運」。依梵 prasaṭhatva，有成立一切相之義，據如來
藏學說，任運者，即諸法於相礙緣起中生起時，能適應一
切礙，以能隨緣適應，故能生起（諦譯為「生」，即據於
此）。奘譯省文過甚。

【校疏】

所緣無上，謂所緣境無上，即謂無上大乘行者於各地道所應證之所緣境無上。此中建立十二所緣境實分二類。由初至四，依所緣境自性建立，由五至十二，依地道分位而建立。

初四種者：第一安立所緣境為總義，無上大乘以十波羅蜜多、陀羅尼門、三摩地等為所緣境。第二界所緣境者，謂真如界，即如實而緣法界甚深祕密義，亦可說為如來藏智識雙運境界。第三第四所立、能立所緣境，依上來二種，即能成立十波羅蜜多、如來藏緣起等觀修境界為行者之所緣。二者皆依見地而成立。

依地道分位八種者，第五為資糧道上所緣境，由聞所成慧為能緣，此即持抉擇見而緣，故說為任持所緣境。

第六為加行道上初二位所緣境。由四種道理之思所成慧了悟所緣境所具義理，是為決定，故說為持決定所緣境。
四種道理者，見《解深密經》，即相依理、法性理、作用理、證成理四者。

第七為加行道上後二位所緣境。由自證修所成慧持所緣境，是即為得決定見後之觀修，由是可得現證，其證量可說為智，故得名為內持所緣境。

第八為見道初地所緣境。此以通達所緣之法界為現量，是即現證真如相，由是得名為通達所緣境。

第九為修道二至七地所緣境。於是地地反覆修習，由是輾轉增上，故名為增長所緣境。

第十為住七地時所緣境,以世間及出世間道雙運而緣,是即初住入如來藏智識雙運界,由是能無相而持輪迴涅槃二界一切法,是亦即悟入如來藏,故名為悟入所緣境。

第十一為八地所緣境,遠離一切相,無功用離作意平等任運,由是現證法界中一切法為平等任運,故得名為任運所緣境。

第十二分三,為九地、十地、佛地所緣境。於九地得最勝內自證四無礙解智、於十地得最勝事業自在、於佛地證二障無餘清淨最勝。以此統名之為最勝所緣境。

【論】如是已說所緣無上 [75]，修證無上其相云何？頌曰 ——

> 修證謂無闕　　不毀動圓滿
> 起堅固調柔　　不住無障息　　29

【諦譯】

> 具足及不毀　　避離令圓滿
> 生起及堅固　　隨事無住處
> 無障及不捨　　十習起應知　　29（六句）

【校譯】

> **具足不謗毀　　無散亂圓滿**
> **生起及堅固　　柔順與不住**
> **無障無休息　　是即為修證**　　29（六句）

【論】論曰：如是修證總有十種：一種性修證，緣無闕故；二信解修證，不謗毀大乘故；三發心修證，非下劣乘所擾動故；四正行修證，波羅蜜多得圓滿故；五入離生修證，起聖道故；六成熟有情修證，堅固善根長時集故；七淨土修證，心調柔故；八得不退地受記修證，以不住著生死涅槃[3]，非此二種所退轉故；九佛地修證，無二障故；十示現菩提修證，無休息故。

無上乘總義者，略有三種無上乘義，謂正行無上故；正行持無上故；正行果無上故 [76]。

3　《藏要》為「以不住生死涅槃」。

【校記】

⑦⑤ 梵無此句，奘譯增文。

⑦⑥ 梵本此段在品末，奘譯移置。

【校疏】

無上大乘修證十種，先由種姓說起，乃至說得無上菩提，已通說諸地道，今略釋如下 ——

一由因緣具足，令大乘種姓起入解脫道之意樂，是為種姓修證。

二對大乘道不謗毀，聞謗毀亦不捨棄，是為信解修證。

三不為小乘所擾動而散亂其菩提心，是為發心修證。

四於波羅蜜多別修〔以任一為增上〕、總修〔由任一以攝十〕圓滿，為正行修證。

五於初地時生起出世間聖道，以出離故為入出離修證。

六於初至七地時善根輾轉增長而堅固，由是得長時成熟諸有情，是為成熟有情修證。

七於第八地時，前五識成轉依故，無分別智心柔順，隨事成辦，名淨土修證。

八於第八地時，復以末那識成轉依故，證悟輪涅平等，得諸佛授記不退轉地，是得不退轉授記修證

九盡斷一切二障及習氣，名為佛地修證。

十三身自性相無休息，是示現菩提修證。

【論】何故此論名「辨中邊」⑦。頌曰⑱ ——

　　此論辨中邊⑲　　深密堅實義
　　廣大一切義　　除諸不吉祥　　30

【諦譯】

　　此論分別中　　甚深真實義
　　大義一切義　　除諸不吉祥　　30

【校譯】

　　此論分別中　　　　　　30（首句）
　　（長行）
　　甚深真實義　　　　　　30（次句）
　　（長行）
　　大義　　　　　　　　　30（第三句上半）
　　（長行）
　　一切義　　　　　　　　30（第三句下半）
　　（長行）
　　除諸不吉祥　　　　　　30（末句）

【論】論曰：此論能辨中邊行⑳，故名「辨中邊」，即是顯了處中二邊能緣行義。又此能辨中邊境故名辨中邊，即是顯了處中二邊所緣境義。或此正辯離初後邊中道法，故名「辨中邊」。此論所辨是深密義，非諸尋思所行處故；是堅實義，能摧他辯，非彼伏故；是廣大義，能辦利樂自他事故；是一切義，普能決了三乘法故。又能除滅諸不吉祥，永斷煩惱所知障故㉑。

【校記】

⑺ 梵無此句，奘譯增文。

⑻ 本段頌句及長長，奘譯多移置（參校譯），大致上為將各節長行合併為一段。

⑼ 梵僅言「分別中」（madhya-vibhāga）。

⑻ 梵亦僅言「分別中」，未說「邊」。

⑻ 以下梵本依次出「無上乘總」、「正行總義」、「無倒總義」三段。

【論】 （結頌） [82]

> 我辨此論諸功德　　咸持普施群生類
> 令獲勝生增福慧　　疾證廣大三菩提

【諦譯】

> 空涅槃一路　　佛日言光照
> 聖眾行純熟　　盲者不能見
> 已知佛正教　　壽命在喉邊
> 諸惑力盛時　　求道莫放逸
> 我今造此論　　為世福慧行
> 普令一切眾　　如願得菩提

【校譯】

> **我今造此論　　為世造大福**
> **且令一切眾　　願證三菩提**

【校記】

82　諦譯於此之上尚有二頌，於今梵本未見。

《大乘辨中邊論》第七〈辨無上乘品〉竟

徵引書目

梵文校訂本：

1932 Bhattacharya, V. and G. Tucci, eds.

Madhyāntavibhāgasūtrabhāṣyaṭīkā of Sthiramati: Being a Sub-Commentary on Vasubandhu's Bhāṣya on the Madhyāntavibhāgasūtra of Maitreyanātha, Part 1 (Calcutta Oriental Series, No. 24), London.

1964 Nagao, Gadjin M. ed.

Madhyāntavibhāga-Bhāṣya: A Buddhist Philosophical Treatise Edited for the First Time from a Sanskrit Manuscript. Tokyo: Suzuki Research Foundation.

1971 Pandeya, Ramchandra, ed.,

Madhyāntavibhāga-śāstra. Delhi: Motilal Banarsidass.

1967 Tatia, Nathmal and Anantalal Thakur, eds.

Madhyānta-vibhāga-bhāṣya. Tibetan Sanskrit Works Series. Patna: K.P. Jayaswal Research Institute.

1934 Yamaguchi, S., ed.

Sthiramati, Madhyānta-vibhāgaṭīkā. Nagoya: Librairie Hajinkaku.

漢譯本：

《中邊分別論》
　　真諦譯，T1599。

《辯中邊論》
　　玄奘譯，T1600。

《辯中邊論頌》
　　玄奘譯，T1601；歐陽竟無，《藏要》第四冊，台灣：新
　　文豐出版公司，1987。

藏譯本：

dBus dang mtha' rnam par 'byed pa' tshig le'ur byas pa
Jinamitra, Śīlendrabodhi & Ye shes sde, trans. Derge edition, no. 4021.

dBus dang mtha' rnam par 'byed pa
Jinamitra, Śīlendrabodhi & Ye shes sde, trans. Beijing edition, no.
5522.

Vasubandhu (dByig gnyen), *dBus dang mtha' rnam par 'byed pa'i*
'grel pa
Jinamitra, Śīlendrabodhi & Ye shes sde, trans. Derge edition, no.
4027, Beijing edition, no. 5528.

Sthiramati (Blo gros brtan pa), *dBus dang mtha' rnam par 'byed pa'i 'grel bshad*

Jinamitra, Śīlendrabodhi & Ye shes sde, trans. Derge edition, no. 4032, Beijing edition, no. 5534.

歷代論師註釋：

真諦 (499-569)

　　《十八空論》，T1616。

窺基 (632-682)

　　《辯中邊論述記》，T1835。

元曉 (617-686)

　　《中邊分別論疏》，X797。

Rong ston shes bya kun rig (1367-1449)

dBus mtha' rnam 'byed kyi sgom rim snying po rab gsal

Blo bzang dpal ldan bstan 'dzin snyan grags (1866-1928)

dBus dang mtha' rnam par 'byed pa'i 'grel pa padma dkar po'i khri shing

Mi pham rgya mtsho (1846-1912)

dBus dang mtha' rnam par 'byed pa'i bstan bcos kyi 'grel pa 'od zer 'phreng ba

mKhan po gzhan dga' (1871-1927, a.k.a. gZhan phan chos kyi snang ba)
dBus dang mtha' rnam par 'byed pa'i tshig le'ur bas pa'i mchan 'grel

漢傳述記：

良賁
《仁王護國般若波羅蜜多經疏》，T1709。

遁倫
《瑜伽論記》，T1828。

窺基
《唯識二十論述記》，T1834。

近代學術研究：

蔡伯郎
1998　〈唯識之三性與真實──以《中邊分別論》為中
　　　心〉，《正觀雜誌》No. 4，南投：正觀雜誌社。

曹志成
1999　〈《中邊分別論》「真實品」的三性思想之探討──
　　　以安慧《中邊分別論釋　疏》為線索〉，《圓光佛學學
　　　報》第三期，頁23-44。中壢：圓光佛學院。

陳一標

2007 〈唯識學「行相」（ākāra）之研究〉，《正觀雜誌》第四十三期，頁5-21。

1994 〈真諦的「三性」思想 —— 以《轉識論》為中心〉，《東方宗教研究》，第四期，頁9-45。

1991 〈唯識學「虛妄分別」之研究〉，《國際佛學研究》創刊號，頁187-205。

牟宗三

1989 《佛性與般若》，台北：學生書局，修訂五版。

呂澂

1991 《呂澂佛學論著選集‧卷一》，濟南：齊魯書社。

1982 《印度佛學思想概論》，台北：天華出版社。

太虛

2005 《太虛大師全書》，北京：宗教文化出版社（複印）。

談錫永

2005 《入楞伽經梵本新譯》，台北：全佛文化事業有限公司。

2005 《寶性論梵本新譯》，台北：全佛文化事業有限公司。

2002 《四重緣起深般若》，台北：全佛文化事業有限公司。

談錫永、邵頌雄

2009　《辨法法性論及釋論兩種》，台北：全佛文化事業有限公司。

葉阿月

1976　〈中邊分別論的三性說的意義〉，《中華文化復興月刊》，9-3，台北：中華文化復興月刊社，頁40-48。

1976　〈唯識思想的客塵煩惱說　—　以《中邊分別論》為中心〉，《文史哲學報》25，頁65-112，台灣大學文學院。

1974　〈以中邊分別論為中心比較諸經論的心性清淨說〉，《文史哲學報》23：117-184。

1970　〈流轉緣起的心意識問題——中邊分別論為中心（下）〉，《慧炬月刊》，No.81-82，台北：慧炬出版社，頁3-10。

1970　〈流轉緣起的心意識問題——中邊分別論為中心（上）〉，《慧炬月刊》，No.80，台北：慧炬出版社，頁1-6。

1969　〈中邊分別論における轉依思想〉，《印度學佛教學研究》，17-2，東京：印度學佛教學會，頁692。

1968　〈從《中邊分別論》的依他性看識性〉，《慧炬月刊》，No.62-63，台北：慧炬出版社，頁37-40。

長尾雅人

2008　《中辺分別論》，收入「大乘仏典15・世親論集　」，東京：中央公論社，頁215-358，380-409。

1967　《中正と両極端との弁別》，收入「世界の名著・大乘仏典」，東京：中央公論社，頁397-426。

舟橋尚哉

1974　〈中邊分別論における煩惱と業〉，《佛教學セミナー》，No. 20，京都：大谷大學佛教學會。

1974　〈中邊分別論における若干の考察〉，《印度學佛教學研究》，23-1，東京：印度學佛教學會。

1973　〈中邊分別論の諸問題 —— 相品、障品、真實品を中心として〉，《大谷學報》，52-4，京都：大谷大學大谷學會。

勝呂信靜

1965　〈弁中邊論における玄奘譯と真諦譯との思想的相違について〉，《大崎學報》，No.119，東京：立正大學佛教學會，頁20-59。

竹村牧男

1996　《唯識三性說の研究》，東京：春秋社。

山口益

1937　《漢藏對照辯中邊論》，東京：鈴木學術財團。

1936　《安慧阿遮離耶造・中邊分別論釋疏》，東京：破塵閣書房。

1931　〈安慧造中邊分別論註釋相品虛妄分別相の餘及び空性の梵本〉《大谷學報》，12-4，京都：大谷大學大谷學會。

1931　〈安慧造中邊分別論註釋相品虛妄分別相の梵本〉，《大谷學報》，12-1，　京都：大谷大學大谷學會。

1931 〈安慧造中邊分別論註釋相品虛妄分別相の梵本（續）〉，《佛教研究》，12-2，京都：大谷大學大谷學會。

1930 〈安慧造中邊分別論註釋梵文寫本の數葉について〉，《佛教研究》，11-3，京都：大谷大學大谷學會。

橫山紘一

1970 〈彌勒作論書の著者問題 —— 中邊分別論の五思想に基づいて——〉，《印度學佛教學研究》，19-1，東京：印度學佛教學會。

上田義文

1961 〈「顯現」の原意〉，《印度學佛教學研究》9-2，東京：印度學佛教學會。

上田義文著，陳一標譯

2002 《大乘佛教思想》，台北：東大圖書股份有限公司。

Anacker, Stefan.

1984 *Seven Works of Vasubandhu*. Delhi: Motilal Banarsidass.

1978 "The Meditational Therapy of the *Madhyāntavibhāgabhāṣya*," in *Mahāyāna Buddhist Meditation: Theory and Practice,* ed. Minoru Kyota. Honolulu: University of Hawai'i Press: 83-113.

Boquist, Åke.

1993.   *Trisvabhāva: A Study of the Development of the Three-nature-theory in Yogacara Buddhism.* Lund: University of Lund.

D'Amato, Mario.

Forthcoming. *Distinguishing the Middle from the Extremes: A Study and Annotated Translation of the Madhyāntavibhāga, Along with Its Commentary, the Madhyāntavibhāga-bhāṣya.* （*A Yogācāra Buddhist text of circa the fourth century CE, translated from Nagao's edition of the Sanskrit manuscript*）.

2005   "Three Natures, Three Stages: An Interpretation of the Yogācāra *Trisvabhāva*-Theory," *Journal of Indian Philosophy* vol. 33: 185-207.

de Jong, J. W.

1977   "Notes on the Second Chapter of the *Madhyāntavibhāgaṭīkā*," *Central Asiatic Journal* vol. 21: 111-117.

Dharmachakra Translation Committee.

2006   *Middle Beyond Extremes: Maitreya's Madhyāntavibhāga with Commentaries by Khenpo Shenga and Ju Mipham.* Ithaca: Snow Lion Publications.

Friedmann, David Lasar.

1937   *Sthiramati, Madhyānta-vibhāgaṭīkā: Analysis of the Middle Path and the Extremes.* Utrecht, Netherlands: Rijksuniversiteit te Leiden.

Keenan, John P.

1995 "Yogacara in China," in *Buddhist Spirituality: Indian, Southeast Asian, Tibetan, and Early Chinese*, ed. Takeuchi Yoshinori. Delhi: Motilal Banarsidass: 365-372.

1982 "Original Purity and the Focus of Early Yogācāra," *Journal of the International Association of Buddhist Studies* vol. 5: 7-18.

Kochumuttom, Thomas A.

1982 *A Buddhist Doctrine of Experience*. Delhi: Motilal Banarsidass.

Lindtner, Christian.

1997 "*Cittamātra* in Indian Mahāyāna until Kamalaśīla," Wiener *Zeitschrift für die Kunde Südasiens* vol. 41: 159-206.

Nagao Gadjin M.

1978 "What Remains in Sunyata: A Yogācāra Interpretation of Emptiness," in *Mahāyāna Buddhist Meditation: Theory and Practice*, ed. Minoru Kiyota. Honolulu: University of Hawaii Press: 66-82.

O'Brien, Paul Wilfred.

1954 "A Chapter on Reality from the *Madhyāntavibhāgaśāstra*," *Monumenta Nipponica*, vol. X: 227-269.

1953 "A Chapter on Reality from the *Madhyāntavibhāgaśāstra*," *Monumenta Nipponica*, vol. IX: 277-303.

Sponberg, Alan.

1982   "The *Trisvabhāva* Doctrine in India and China: A Study of Three Exegetical Models," 《龍谷大學佛教文化研究所紀要》 no. 21: 97-119。

Sānkrityāyana, Rāhula.

1938   "Search for Sanskrit mss. in Tibet," *The Journal of the Bihar and Orissa Society* 24: 137-163.

1937   "Second Search of Sanskrit Palm-Leaf mss. in Tibet," *The Journal of the Bihar and Orissa Society* 23: 1-57.

1935   "Sanskrit Palm-Leaf mss. in Tibet," *The Journal of the Bihar and Orissa Society* 21: 21-43.

Stcherbatsky, F. Th.

1971   *Madhyāntavibhāga: Discourse on Discrimination between Middle and Extremes Ascribed to Bodhisattva Maitreya and Commented by Vasubandhu and Sthiramati.* Bibliotheca Buddhica, 30. Osnabrück, Germany: Biblio Verlag, 1970; reprint, Calcutta: Indian Studies Past and Present.

附
錄

世親《辨中邊論釋》藏文本：
《西藏大藏經》德格版 no. 4027

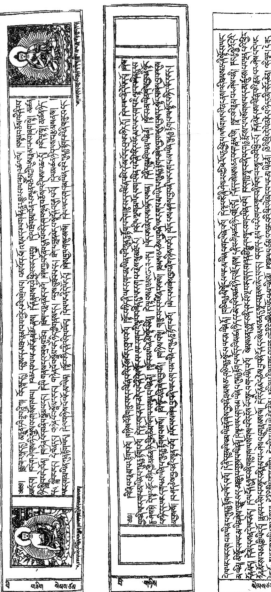

2   3   4

5　　　　　6　　　　　7

8　　　　　9　　　　　10

11　　　　12　　　　13

14   15   16

17　　　　　　　18　　　　　　　19

20　　　　21　　　　22

23   24   25

26 27 28

29

30

31

32　　　　　　33　　　　　　34

35　　　　　　　　36　　　　　　　37

38　　　　　　39　　　　　　40

41   42   43

44　　　　　45　　　　　46

47   48   49

50   51   52

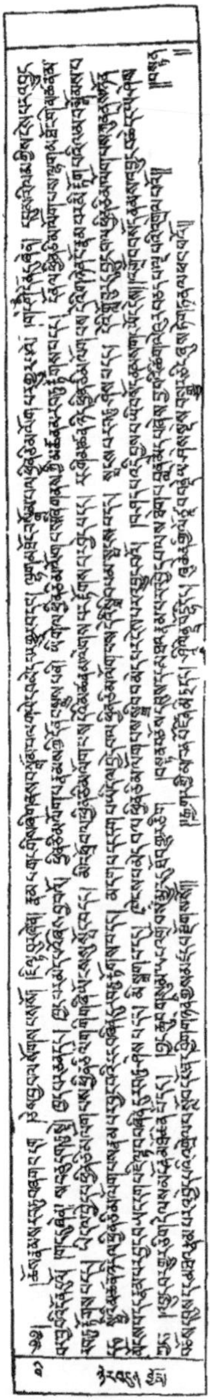

53

主編者簡介

談錫永，廣東南海人，1935年生。童年隨長輩習東密，十二歲入道家西派之門，旋即對佛典產生濃厚興趣，至二十八歲時學習藏傳密宗，於三十八歲時，得甯瑪派金剛阿闍梨位。1986年由香港移居夏威夷，1993年移居加拿大。

早期佛學著述，收錄於張曼濤編《現代佛教學術叢刊》，通俗佛學著述結集為《談錫永作品集》。主編《佛家經論導讀叢書》並負責《金剛經》、《四法寶鬘》、《楞伽經》及《密續部總建立廣釋》之導讀。其後又主編《甯瑪派叢書》及《大中觀系列》。

所譯經論，有《入楞伽經》、《四法寶鬘》（龍青巴著）、《密續部總建立廣釋》（克主傑著）、《大圓滿心性休息》及《大圓滿心性休息三住三善導引菩提妙道》（龍青巴著）、《寶性論》（彌勒著，無著釋）、《辨法法性論》（彌勒造、世親釋）、《六中有自解脫導引》（事業洲巖傳）、《決定寶燈》（不敗尊者造）、《吉祥金剛薩埵意成就》（伏藏主洲巖傳）等，且據敦珠法王傳授註疏《大圓滿禪定休息》。著作等身，其所說之如來藏思想，為前人所未明說，故受國際學者重視。

近年發起組織「北美漢藏佛學研究協會」，得二十餘位國際知名佛學家加入。2007年與「中國人民大學國學院」及「中國藏學研究中心」合辦「漢藏佛學研究中心」主講佛學課程，並應浙江大學、中山大學、南京大學之請，講如來藏思想。

作者簡介

邵頌雄，祖籍廣東番禺，出生於香港，1990年移居加拿大，並隨談錫永上師學習佛家經論、修持及佛典翻譯。多倫多大學（University of Toronto）宗教研究中心（Centre for the Study of Religion）博士，曾任教於多倫多大學東亞研究系（Department of East Asian Studies）及宗教研究系（Department of Religious Studies）、及威爾弗瑞德・勞瑞爾大學（Wilfrid Laurier University）宗教研究系。現任教於多倫多大學士嘉堡校區（University of Toronto Scarborough）的人文學系（Department of Humanities）。

大·中·觀·系·列

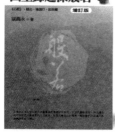

《四重緣起深般若》（增定版）—

《心經》·緣起·瑜伽行·如來藏

談錫永 著/平裝/NT$420元

本書由談錫永先生依自宗藏傳佛教寧瑪派的傳承，立足於觀修而寫，深入淺出地介紹般若波羅蜜多的三系教法，統攝大乘教法的精華，幫助我們迅速趨入甚深教法的修行核心。

《心經內義與究竟義》—

印度四大論師釋《心經》

談錫永等 著譯/平裝/NT$350元

《心經》為般若經典的精華，也是能解脫煩惱苦厄得到究竟安樂的智慧經典。本書精彩而豐富地闡述《心經》的釋論精華，讀者藉由本書不僅可窺見八世紀至十一世紀印度大論師詮釋《心經》的風範，也能對《心經》於漢藏兩地的弘播與繙譯，提供更深入的認識。

《聖入無分別總持經》對勘及研究

沈衞榮、邵頌雄 校研·馮偉強 梵校·談錫永 導論/NT$390元

《聖入無分別總持經》是大乘佛教的重要經典，其基本的內容為：佛陀以「入無分別總持」，向以無分別照明菩薩為首的眷屬大眾，開示速捷證得入無分別的殊勝妙法，其重點在於開示住於無分別界的意義，與證得無分別的方法。

本書從歷史、語言、教法等不同角度，研究《聖入無分別總持經》的弘播年代、繙譯、以至此經對早期瑜伽行派的影響，更從實修觀點來論說瑜伽行派如何教導入無分別的體性及修證，又依甯瑪派的觀點來作引證。

《入楞伽經》梵本新譯

談錫永 譯著/平裝/NT$320元

印度瑜伽行派、漢土早期禪宗、西藏甯瑪、噶舉、薩迦
等佛家宗派，皆以《入楞伽經》為根本經典，亦以經中
所說之如來藏思想為觀修之究竟見。

談錫永上師今取現存之《楞伽》梵本，重新繙譯此經，
細註舊譯之誤譯與添譯處，並於重要之文句附上梵文的
羅馬字轉寫；復依自宗甯瑪派了義大中觀的見地，闡明
「如來藏藏識」之義理，希望本譯能破解學者對研讀
《入楞伽經》的疑難。

《寶性論》梵本新譯

談錫永 譯著/平裝/NT$320元

《寶性論》為佛教重要論典，本論建立了「七金剛句」，
將佛寶、法寶、僧寶、如來藏、證菩提、功德、事業等
這七個主題並列，以佛法僧三寶為觀修的因，並以佛及
眾生依本具的如來藏為觀修的中心，經過實踐修行的歷
程，最後證得佛果菩提，具足一切佛法功德，圓滿濟度
眾生的事業。

透過本書作者精湛的分析與釋論，能幫助讀者清晰地掌
握修行的脈絡，迅疾趨入究竟的解脫大道。

《如來藏論集》

談錫永、邵頌雄 著/平裝/NT$330元

在智境上覆障著識境，如是的一個境界，便名為如來
藏。法身不離煩惱纏，故於一切有情的煩惱身中，皆
具足清淨的如來本性，也就是說每一個眾生都有佛性。
透過本論集對如來藏精闢的探究與分析，以及如何觀
修如來藏等談論述，對於佛法的抉擇與實修，能提供
相當廣大的助益與參考，是現代佛教知識份子不可錯
過的著作。

《如來藏二諦見－不敗尊者說如來藏》

談錫永、邵頌雄 著譯/平裝/NT$360元

法身以本具功德，不可說之為空；識境自顯現雖隨緣
而成有，但因其未嘗剎那與法身離異，故亦不得籠統
說之為有，只能說「緣起有」。此乃大中觀施設二諦
之堅定立場。不解如來藏義，橫生枝節加以否定者，
即由於不知大中觀持何立場以施設二諦。

《聖妙吉祥真實名經》梵本校譯

談錫永 譯著・馮偉強 梵校/平裝/NT$390元

《聖妙吉祥真實名經》為無上密續部重要經典，說
如來藏之觀修，亦即妙吉祥不二法門之觀修。由此
開展，則可建立為依金剛薩埵為主尊之《大幻化網
續》，以及一切無二續。

《聖妙吉祥真實名經》釋論三種

談錫永 導論・馮偉強、黃基林 校譯/平裝/NT$390元

《聖妙吉祥真實名經》為觀修三轉法輪教法的重要經
典。本經藉「幻化網現證菩提」壇城，令行者藉觀修
而得現證妙吉祥不二法門。談錫永上師早前根據今傳
四種梵本重新校譯本經，解決古譯文句互異的問題，
更譯出釋論三種，解決文義難明與具體觀修無所依等
二疑難。

《辨中邊論釋》校疏

談錫永 校疏・邵頌雄 前論/平裝/NT$400元

依甯瑪派教法，本論可依大中觀的加行道來作抉
擇。以加行道的層次來治本論，亦為印度瑜伽行
派的傳統。

全佛文化藝術經典系列

大寶伏藏【灌頂法像全集】

蓮師親傳●法藏瑰寶，世界文化寶藏●首度發行！
德格印經院珍藏經版●限量典藏！

本套《大寶伏藏─灌頂法像全集》經由德格印經院的正式授權
全球首度公開發行。而《大寶伏藏─灌頂法像全集》之圖版，
取自德格印經院珍藏的木雕版所印製。此刻版是由西藏知名的
奇畫師─通拉澤旺大師所指導繪製的，不但雕工精緻細膩，法
莊嚴有力，更包含伏藏教法本自具有的傳承深意。

《大寶伏藏─灌頂法像全集》共計一百冊，採用高級義大利進
美術紙印製，手工經摺本、精緻裝幀，全套內含：
● 三千多幅灌頂法照圖像內容　　● 各部灌頂系列法照中文譯名
附贈　● 精緻手工打造之典藏匣函。
　　　● 編碼的「典藏證書」一份與精裝「別冊」一本。
　　　（別冊內容：介紹大寶伏藏的歷史源流、德格印經院歷史、
　　　《大寶伏藏─灌頂法像全集》簡介及其目錄。）

大中觀系列10

《辨中邊論釋》校疏

校　　疏　談錫永
前　　論　邵頌雄
美術編輯　李琨
出　　版　全佛文化事業有限公司
　　　　　訂購專線：(02)2913-2199
　　　　　傳真專線：(02)2913-3693
　　　　　發行專線：(02)2219-0898
　　　　　匯款帳號：3199717004240 合作金庫銀行大坪林分行
　　　　　戶　　名：全佛文化事業有限公司
　　　　　E-mail：buddhall@ms7.hinet.net
　　　　　http://www.buddhall.com
門　　市　新北市新店區民權路95號4樓之1（江陵金融大樓）
　　　　　門市專線：(02)2219-8189
行銷代理　紅螞蟻圖書有限公司
　　　　　台北市內湖區舊宗路二段121巷19號（紅螞蟻資訊大樓）
　　　　　電話：(02)2795-3656
　　　　　傳真：(02)2795-4100

初版一刷　2011年10月
初版二刷　2016年10月
定　　價　新台幣400元
ＩＳＢＮ　978-986-6936-57-9（平裝）

國家圖書館出版品預行編目資料

《辨中邊論釋校疏》 / 談錫永校疏；邵頌
雄前論. -- 初版. --新北市：全佛文化，
2011.10
面；　公分. -（大中觀系列：10）
ISBN 978-986-6936-57-9(平裝)

1.法相宗 2.注釋
226.22　　　　　100021060